"跨文化"视阈下中华文化对外传播的理论逻辑及实践路径

姚志奋◎著

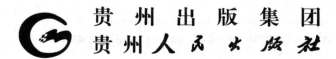

贵州出版集团
贵州人民出版社

图书在版编目（CIP）数据

"跨文化"视阈下中华文化对外传播的理论逻辑及实践路径 / 姚志奋著 . —— 贵阳 : 贵州人民出版社, 2023.9

ISBN 978-7-221-17820-6

Ⅰ . ①跨… Ⅱ . ①姚… Ⅲ . ①中华文化—文化传播—研究 Ⅳ . ① G125

中国国家版本馆 CIP 数据核字 (2023) 第 155522 号

KUAWENHUA SHIYUXIA ZHONGHUA WENHUA DUIWAI CHUANBO DE LILUN LUOJI JI SHIJIAN LUJING

"跨文化"视阈下中华文化对外传播的理论逻辑及实践路径

姚志奋◎著

出 版 人　朱文迅
策划编辑　苏　轼
责任编辑　潘江云
装帧设计　博健文化
责任印制　陈　楠

出版发行　贵州出版集团 贵州人民出版社
地　　址　贵阳市观山湖区会展东路 SOHO 办公区 A 座
印　　刷　天津旭丰源印刷有限公司
版　　次　2024 年 7 月第 1 版
印　　次　2024 年 7 月第 1 次
开　　本　787mm×1092mm　1/16
印　　张　9.5
字　　数　190 千字
书　　号　ISBN 978-7-221-17820-6
定　　价　68.00 元

摘　要

全球化时代，对外传播力与文化软实力密切相关。文化吸引力和影响力的产生依赖于有效的对外传播，而强大的对外传播力则是提升文化软实力的重要途径。当今世界正处于大发展、大变革时期，世界多极化、文化多元化、经济全球化深入发展，各种思想文化的交流、碰撞及融合更加频繁，文化在综合国力竞争中的地位和作用越发凸显，提升中华文化对外传播力的要求更加紧迫。基于此，面对竞争日益激烈的国际形势，扩大对外文化交流，加强我国对外传播能力和对外话语体系建设，持续推动中华文化走向世界具有重要意义。首先，在全球化时代，各种思想文化在世界范围内的碰撞与交流更加明显，为进一步保障我国文化安全，需要充分发掘中华优秀文化，并推动中华文化不断走向世界，化被动为主动，积极维护我国文化安全。其次，在和平、发展、合作的时代主题下，提升中华文化的对外传播力能够增强文化软实力，提升国家形象，抵消中国威胁论。再次，在国际竞争中，一旦国家的文化影响力落后，则意味着综合国力中缺失无形的精神性要素，不利于综合国力的提升。中华文化对外传播有助于提升国际话语权和提高中国参与国际体系的能力。最后，中华文化对外传播是我国根据国家发展的整体利益，顺应全球经济和文化发展规律而实施的一项综合性的国家战略，与我国在当今世界的地位和国际影响力密切相关。同时，中华文化对外传播，有利于超越社会制度和意识形态的差异，能够促进人类文明的交流与进步，塑造中国现代文明新形象，为世界文化的繁荣和人类文明进步贡献智慧。

本研究主要包括两大脉络：一是理论逻辑的探究。从理论上探索、梳理了马克思主义的世界文化理论和世界交往理论以及文化开放与文化传播思想，分析了文化全球化理论和跨文化传播理论，以期构建中华文化对外传播的理论支撑基础。二是实践路径的研究。从整体上分析了中华文化对外传播的实施框架。一般意义上讲，跨文化传播学源自传播学，所以贯穿这部分的主线是从传播的模式和功能演进到跨文化传播的模式和功能。针对文化对外传播作为跨文化传播方式的混杂性，本文提出如下研究思路：从跨文化传播的视角来思考研究中华文化对外传播的理论基础，分析中华文化对外传播的战略目标、实施主体、传播载体、传播对象以及中华文化对外有效传播的措施。基于跨文化传播视角思考了中华文化如何更加有效地传播，面对文化全球化与文化霸权主义的挑战，如何运用传播学的方式、方法提高文化走出去的效果等问题，形成了"文化自信是依托、综合国力是基础、政府支持是保障的文化走出去"战略指导思想和理清了"谁去传播、怎么传播、向谁传播、传播什么、传播的目标是什么"的战略指导思路。本文具体章节设置及主要内容如下：

绪论和第一章主要是进行理论分析。绪论部分详细介绍了本课题的研究缘起与研究意义、论题的研究综述、研究思路、内容与研究方法及学术创新点与不足之处。第一章主要介绍了跨文化传播视域下中华文化对外传播的基础理论分析。马克思主义文化理论既是文化发展的基本理论和原理，也是对外文化传播、实施文化走出去战略的根本渊源。马克思主义的世界文化理论和世界交往理论已经暗含了文化对外交流和传播的思想，中国共产党领导人也有对文化宣传、文化传播的相关论述。文化全球化给中国文化发展带来了许多新的发展机遇，使中国文化发展出现了一些前所未有的新情况、新变化。跨文化传播理论和文化交往理论是中华文化走向世界的核心理论基础。第二章主要分析了跨文化传播视阈下中华文化走向世界的战略目标。中华文化走向世界着力于传统文化的保护传承和现代转化，着力于现代核心价值和文化精神的建构，以文化内容建设为根本和灵魂，尊重差异，多渠道多层次多形式推动中华文化走出去，增强中华文化国际影响力，从而达到维护国家文化安全、树立国家良好形象，提升国家软实力，赢得国际话语权，为世界文化繁荣和人类文明进步贡献智慧等目标。第三、四章分析了跨文化传播视域下中华文化对外传播的传播主体和传播载体。对外文化交流与传播，实施主体和传播载体扮演了非常重要的角色，实施主体对应的是谁去传播的问题，传播载体对应的是怎么传播的问题。第五章分析了跨文化传播视域下中华文化对外传播的受众对象。受众对象即信息接受者，接受者是信息传播的对象，信息只有被接受者接受才完成"传播"的过程，所以，受众对象是文化传播的核心角色。世界文化具有多样新的特点，中华文化对外传播的受众对象也是多样、多元的，不同信仰、不同民族、不同区域，甚至不同的经济发展水平都会有不同的文化样态，这样导致了文化接受习惯和价值认同方式有很大的区别，所以，中华文化走向世界需采取差异化的传播策略。第六章分析了跨文化传播视阈下文化对外传播的域外启示。主要选取了美国、英国、日本等典型国家为研究对象，从传播资源、传播媒介、传播渠道等方面分析了这些国家文化国际传播力的构建策略，以期对我国优秀文化对外传播提供有益借鉴。第七章分析了跨文化传播视域下中华文化对外传播的总体战略。在中国实施文化走出去战略中存在的问题和原因分析基础上，不断完善中华文化走出去战略的思路：文化自信是中华文化走向世界的战略依托。体现一个国家综合实力最核心的、最高层的，还是文化软实力，这事关一个民族精气神的凝聚。我们要坚持道路自信、理论自信、制度自信、文化自信，最根本的还有一个文化自信。我国的文化自信就是要对悠久的民族传统文化保持自信，对当代中国马克思主义指导思想保持自信，对改革开放以来形成的中国特色社会主义文化保持自信；政府的重视和支持是中华文化走向世界的战略保障。从外国政府对文化传播的态度上可以看到，西方文化能快速地成为世界强势文化，国家政府的重视和支持也是一个不可忽视的重要因素。正是因为有了国家政府这个强大的力量做后盾，本国文化才能更快地向外传播；强大的综合国力作为中华文化走向世界的战略基础。只有中国真正实现和平崛起了，只有中国能够向世界展示一个富强成熟的文明形象，中华文化才能在国际上获得关注和欣赏。另外，中华文化对外传播，既要注意对精英受众的影响，又要注重在普通大众中的影响力。在以新兴媒体和自媒体为载体的大众媒介可以"立竿见影"地改变人们的"认识和态度"的社会里，影响国际关系行为的因素和力量比以前更为广泛复杂、更为直接和个人化，应当越来越重视文化对于普通大众的影响力。

关键词：中华文化；跨文化传播；对外传播；理论逻辑；实践路径

目　录

绪　论

一、研究缘起与研究意义

进入 21 世纪以来，世界范围内思想文化领域的交流与碰撞比以往任何一个时期更加频繁。文化软实力作为综合国力的重要组成部分，在提高国际地位，加强国际形象，创造良好发展环境方面有着重要地位。提升中华文化对外传播力、影响力的要求更加紧迫。在文化软实力提升过程中，中国文化对外传播力面临挑战，难以满足日益增长的文化国际传播需求。如何提升中华文化传播力？这一思考对于推进中华文化国际传播能力建设、提升文化软实力具有重要的理论意义。

（一）研究缘起

1. 中华文化对外传播的背景

文化软实力是国家综合国力的重要标志，集中体现了一个国家基于文化而具有的凝聚力和生命力，以及由此产生的吸引力和影响力。[①] 纵观世界主要大国的发展历程，既是经济总量、军事力量等硬实力上升的过程，也是价值观念、思想文化等软实力提高的过程。[②] 在当前各国硬实力增长已趋于常量的背景下，能否增强文化软实力成为决定国家实力地位变化的核心要素。[③] 一方面，全球化时代，国家的硬实力需要通过制度、文化体现，并通过国际传播和扩散转化为软实力，从而更有效地发挥作用。[④] 另一方面，一个国

① 骆郁廷：《文化软实力：战略、结构与路径》，中国社会科学出版社，2012 年，第 3 页。
② 中共中央文献研究室编：《习近平关于社会主义文化建设论述摘编》，中央文献出版社，2017 年，第 198 页。
③ 杨静：《文化软实力需要媒体助力》，《文化月刊》，2015 年第 29 期，第 110 页。
④ 胡正荣、王润珏：《中国传媒文化软实力的建构》，《文化软实力研究》，2016 年第 2 期第 18 页。

家或民族的文化软实力本身就折射出它在国际社会中的地位和影响力。[①] 文化软实力的较量逐渐成为大国博弈的重要方面,提升文化软实力成为大国战略的核心要素。中国是世界第二大经济体,正日益走近世界舞台的中央,但与硬实力相比,中国文化软实力比较薄弱,严重制约中国在国际舞台上发挥作用。文化软实力已经成为事关中国国际地位和国际影响力的重要方面,如何提升中国文化软实力成为亟须思考和研究的问题。

关于中华文化对外传播的渊源,可以追溯到 2000 年 10 月党的第十五届五中全会,全会通过的"十五"规划中提出:"实施'走出去'战略,努力在利用国内外两种资源、两个市场方面有新的突破。""走出去"战略的实施首先开始于经贸领域,中国政府意识到在对外经济活动中,扩大和巩固经济成果,只靠经济的力量是远远不够的,还须借助于文化的力量,推动文化"走出去"。当前,我国与许多国家签署了文化合作协定,初步形成了覆盖世界主要国家和地区的政府间文化交流与合作网络。"欢乐春节""中国文化年(节)"等各种文化品牌活动遍及全球,成为向世界各国展示中华文化魅力的重要平台。海外文化中心、孔子学院、孔子课堂数量逐年增加。近年来,我国举办了一系列的、各种层次的对外文化交流活动,在多种国际场合、各种文化论坛、文化交流对话平台上,推介中华优秀传统文化、中国文化核心价值观、中国当代文化建设的基本情况,提倡世界文化多元化,倡导世界文化多样性,在世界上产生了重大影响,形成了示范效应。"中国文化热"正在许多国家逐渐形成,在这种背景下,中华文化如何更好地对外传播已成为一个时代课题。

2. 中华文化对外传播的必要性

首先,文化对经济发展的推动作用,要求中华文化走向世界。当前,国家之间的文化交往、国际间的文化融合越来越频繁。文化间的交流、融合也促进了经济关系的发展,文化成为促进经济繁荣的主要推动力,已是国际社会公认的事实。近年来,全球经济下行趋势持续蔓延和我国经济发展出现新常态的背景下,文化产业逆势而上的特殊优势,成为经济增长的新的支撑点。世界主要国家,比如日本、韩国、美国、欧洲等发达国家大都采取支持或推动文化产业发展的做法,把文化产业的发展当作国家经济发展的重要支柱,推动本国文化走向世界,并且取得了良好的效果。在我国,文化对外传播开始上升为国家层面的战略。

其次,文化全球化深入发展,要求中国文化对外传播。当今世界,是一个全球化的时代,经济全球化、文化全球化是国际社会发展的主流趋势,在经济全球化的推动下,文化全球化已经越来越深入到人类社会生活的各个层面。在文化全球化的时代背景下,经济间

---

① 谭文华:《文化软实力竞争、文化创新与我国文化软实力提升策略》,《广西社会科学》,2019 年第 12 期,第 147 页。

交往日益变成文化间交往，一个国家对世界所产生的影响，也越来越体现为文化力量的影响。因此，世界各国普遍认识到，要在相互作用、相互影响、相互交流的文化竞争中突围而出，就必须深入挖掘自己文化中的优秀成果，提高本国对外文化传播的影响力、吸引力、亲和力，并推动本国的文化"走出去"以影响其他文化，以形成更加广泛的文化认同，增强本国文化的国际影响力。在这样一个背景下，提升我国文化对外传播力是顺应世界发展形势、符合国家利益、遵循文化发展规律提出来的，决定了我国在当今世界的地位和国际影响力。同时，中华文化走向世界，着眼于促进人类进步与文明，为世界文化的繁荣做出中华文化的贡献。

总之，本文选择了从跨文化传播的角度研究我国文化对外传播，意在解决这样一个问题，即以跨文化传播为理论基础探索中国文化对外传播的支撑体制构建，在世界文化新样态背景下促进中华文化屹立于世界民族文化之林。

（二）研究意义

当前，中华文化对外传播机遇与挑战并存。抓住机遇应对挑战，构建全球化形势下中华文化对外传播体系，进行必要的理论分析和实践探索具有重大的理论意义和现实意义。

首先，研究中华文化对外传播体系构建，有助于更好、更深入地向国外传播中华文化；研究文化传播主体和载体，是畅通文化"走出去"的渠道，使"走出去"的中华文化影响力更加持久；研究传播对象可以促进我们了解自己文化走向世界的现实情况，从而更好地改进文化传播策略，完善中华文化走向世界的战略体系。

其次，研究中华文化对外传播，找到提升国家形象和国民形象的方法，在对外国际交往中，塑造良好的国家整体形象，创造有利于国家发展的整体外部环境。中华文化走向世界，着眼于促进人类进步与文明，主要目的是让国外更好地认识中国、了解中国、悦纳中国，展现中国文化自信的时代风貌，向世界展示中国和谐、文明、民主、开放、进步的时代形象，为世界文化的繁荣和人类文明进步贡献中华文化的智慧。

再次，对中华文化对外传播的研究是我国占据国际文化竞争制高点的必然选择。推动中华文化走向世界，可以从整体上增强我国文化软实力，从而提升我国综合国力和国际竞争力，让中国文化占据国际文化竞争制高点，在未来国际文化竞争中赢得先机和主动。

最后，站在跨文化传播的视角研究中华文化对外传播，最终的目的是为我国开创国家发展的有利外部环境。这是一个国家战略层面的重要问题，在全球化背景下，任何一个国家的发展都不可能游离于国际体系之外，国家发展的程度取决于一国外部发展环境的良好程度。推动中华文化走向世界，向世界传播中华文化"和合""亲善""共赢""共享"的本质，介绍中国的"和平发展道路""和谐世界的理念"，可以培育全球对华共识，积累国际认同和支持，打破"妖魔化""中国威胁论"的不良论调，创造有利于我国和平发展的国际环境。

二、研究综述

（一）中华文化"走出去"的政策回顾

在分析中华文化对外传播的概念、理论和战略之前，有必要对文化走向世界或"走出去"政策和提法做一下简要回顾和梳理。

早在 2000 年 10 月，党的十五届五中全会就强调指出：实施"走出去"战略，利用国内外两种资源、两个市场。先后在经济领域和文化领域提出要实施"走出去"战略。2002 年，党的十六大上明确提出了中国文化走出去的战略。在党的十六届四中全会上明确表述为：推动中华文化更好地走向世界，提高国际影响力。在 2006 年 9 月的《国家"十一五"时期文化发展规划纲要》中、2007 年 10 月党的十七大上、2010 年中共中央政治局深化文化体制改革专门学习会上连续指出要推动中华文化走向世界，增强中华文化国际影响力。2011 年 10 月召开的党的十七届六中全会对于文化建设来说是一次具有里程碑意义的会议，大会通过的《中共中央关于深化文化体制改革推动社会主义文化大发展大繁荣若干重大问题的决定》重点突出了中华文化走向世界的意义，将推动中华文化走向世界作为文化体制改革的关键抓手，强调通过开展多层次的对外文化交流，增强中华文化的世界影响力。2012 年 1 月，胡锦涛在中共中央机关刊《求是》中发表题为《努力建设社会主义文化强国》的文章，提出："创新文化走出去模式，不断提高国家文化软实力"的要求。2012 年 11 月，党的十八大报告提出：全面建成小康社会和全面深化改革开放的目标之一就是"文化软实力显著增强"，其要素之一就是"中华文化走出去迈出更大步伐"。2013 年 11 月，党的十八届三中全会上具体指出了文化走向世界的实施主体和具体实施战略：即坚持政府主导、企业主体、市场运作、社会参与，扩大对外文化交流，加强国际传播能力和对外话语体系建设，推动中华文化走向世界。2014 年 5 月 15 日，在深圳举行了推动中华文化走出去座谈会。刘奇葆在会上阐述了文化走出去的文化传播目标，文化传播的核心思想、方式、层次、战略措施等。2014 年 5 月 22 日，刘奇葆在光明日报发表署名文章强调：推动中华文化走向世界，是一项重大战略任务；推动中华文化走出去，是营造良好外部环境、塑造良好国家形象的战略选择；推动中华文化走向世界，是促进各国文化交流互鉴、维护人类文明多样性的必然要求；推动中华文化走出去要突出思想内涵和价值观念；推动中华文化走向世界要多措并举、多方发力，广泛开展对外文化交流与传播。要大力发展对外文化贸易与投资。要积极创新文化走出去的方法手段。2015 年 7 月 13 日全国文化厅局长座谈会暨"十三五"规划工作座谈会在北京举行，会上，文化部部长雒树刚特别强调"十三五"期间（2016—2020）文化改革发展主要任务时表示，要以提高文化开放水平为着力点，推动中华文化走向世界。2017 年 10 月，党的十九大报告提出要推进国际传播能力建设，讲好中国故事，展现真实、立体、全面的中国，提高国家文化软实力。总之，推动中华文化对外传播已经成为重要的文化发展战略的组成部分。

（二）中华文化对外传播的研究现状

1. 国内研究现状述评

关于中华文化对外传播的研究，在中国知网上，以"文化对外传播"为篇名进行搜索，一共有 148 篇文献；以"中华文化"为篇名进行搜索，共有 68 篇文献；而以"中华文化对外传播"为篇名进行搜索，相关文献几乎没有。以"中华文化走出去战略"为篇名进行搜索，相关文献有 16 篇；以"中华文化走出去"为篇名的博士硕士论文有 2 篇。从跨文化传播的视角研究文化对外传播的文章、博士硕士论文和相关著作同样还不多见。其他文献检索平台的搜索结果与中国知网大致相同。相关的学术著作主要集中在文化国际传播力、文化软实力、对外文化交流、对外文化传播、公共外交等领域。已有研究成果主要集中在以下几个方面：

（1）关于对文化国际传播能力的研究

学术界对国际传播能力概念探讨主要包括：一是"能力和效力"论，这是目前学术界的主流概念界定途径。众多学者认为，国际传播是国际传播能力和效力的统一，完整的国际传播是从"国际传播能力建设"开始，以"国际传播效力建设"结束。[①] 事实上把国际传播能力视为传播及影响效果等方面的管控能力。[②] 二是"因果关系"论。李智认为，国际传播能力是国际传播的原因性因素，而国际传播效果属于国际传播的结果性因素。如果把因果混为一谈，那么就缺乏对国际传播能力的真正理解。三是"投入-产出"论。刘继南和胡正荣都认为国际传播能力属于"投入"范畴，但他们对于国际传播能力属于"硬投入"还是"软投入"存在差异。可见，学术界对"国际传播能力是什么"还没有一致的意见。

如何提高国际传播能力，刘肖指出，国际传播能力建设需要一个长期的发展过程，要在"投入""产出"和"提升路径"等方面下足功夫。[③] 在政治领域。冯小桐等指出，国际传播能力建设应在国际话语权博弈中占据有关中国议题的主动权，即议程上强调中国解

---

① 任孟山：《国际传播的路径逻辑：从能力到效力》，《对外传播》，2017 年第 1 期，第 42-43 页。
② 程明、奚路阳：《关于大数据技术与国际传播力构建的思考》，《新闻知识》，2017 年第 6 期，第 3-6 页。
③ 刘肖：《国际传播力：评估指标构建与传播效力提升路径分析》，《江淮论坛》，2017 年第 4 期，第 172-177 页。

决现实问题的行动力和价值取向，提升应对能力，理论创新解构西方自身危机。① 陈奕琳等指出，应该把政治话语去符号化、概念化，以学术话语的柔性，讲述富有吸引力和感染力的实际做法和生动故事。在新闻媒介领域，沈斌等指出，建构国际传播能力要主动遵循新闻传播规律，即：在传播策略上，尊重差异规律；在传播内容上，尊重客观规律；在传播站位上，尊重共情规律。② 遵循新闻传播规律，建构媒体公信力，标志着国际传播能力建构路径探索中思维方式的重要调整。③ 此外，其他学者和从业者从不同角度对如何构建国际传播能力进行探讨。

（2）关于中国文化软实力的研究

对文化软实力概念研究。学者们对文化软实力概念的探讨主要集中在以下几个方面：一是把软实力等同于文化软实力。唐代兴认为，用文化软实力概念指涉国家柔性力量，比用软实力概念更贴切。郑彪指出，就核心价值而言，中国文化对于西方文化拥有难以比拟的道德优势，对中国而言，软实力也叫文化软实力。也有学者持不同意见，如童世骏认为，文化软实力是软实力众多方面其中一个方面。二是文化软实力视为文化或者文化资源。胡键认为，虽然中国文化软实力的资源构成是复杂的，但传统的中国文化是其最重要的组成部分。石沁禾指出，在中国语境下，文化软实力实际上就是一国的文化，尤其是作为意识形态的文化。④ 文化软实力集中体现了一个国家基于文化而具有的凝聚力和生命力，以及由此产生的吸引力和影响力。陈玉聃认为，文化软实力是文化中的一部分，只有先进的、有魂的、流行的和能转化为民众素质的文化能够成为文化软实力。三是文化软实力是价值观的吸引力。王一川指出，文化软实力是指人类命运共同体生活的价值系统及其象征形式所呈现出来的柔性吸引力。文化软实力的核心部分是文化价值观及其政治价值观念的认同及其影响力，其本质特征是思想/意识的感召力和文化艺术的吸引力，以及二者结合的聚合力。

对提升文化软实力的重要性和必要性研究。文化软实力是当代国家间竞争的核心要素，提升中国文化软实力既重要又必要。在重要性方面。文化软实力是当代国家间竞争的核心要素。张殿军指出，一个国家的生存、发展乃至崛起都离不开文化软实力的支持。何增科指出，文化软实力的强弱直接关系到一个国家的国际竞争力，关系到一个国家维护自身利益实现自己战略目标的能力。杨竺松等指出，文化软实力是国际影响力的核心，文化软实力的提升，与综合国力、国际影响力的增长都有着十分密切的关系。张国祚指出，文化软实力事关国家强大与否、民族兴衰和实现中华民族伟大复兴。在必要性方面。高福进

---

① 冯小桐、荆江：《"新冷战"话语体系下中国国际传播的应对》，《对外传播》，2020年第12期，第14-16页。

② 沈斌、张睿等：《推进中国发展优势向传播优势转化——新时代国际传播能力建设再思考》，《对外传播》，2020年第12期，第5-6页。

③ 郭光华：《全媒体时代：我国媒体国际传播能力的建构和评价》，《视听界》，2020年第1期，第19页。

④ 石沁禾：《文化软实力发展与社会主义核心价值观培育》，《南京社会科学》，2018年第1期，第124页。

指出，提升文化软实力可以坚定制度信仰，增强国民的文化自觉和自信，提升综合国力和增强国际竞争力。罗建波指出，如果一个大国没有足够的文化软实力，那么它的大国地位将得不到其他国家承认，也难以实现持久发展。张国祚以苏联为案例指出，由于内部的文化软实力大厦坍塌才导致苏联解体，因此，维护国家安全必须提升文化软实力。

（3）关于中华文化对外传播的基础理论研究

学界对中华文化走向世界的战略意义相对比较关注，把战略意义研究作为文化走向世界研究的始发点，代表性的成果有张殿军的《论中国"文化走出去"》中提出：实施文化走出去战略有助于我国建设文化大国，复兴中华文明；增加国家互信，推动我国与世界其他国家的经济政治交流与合作；能更好地向世界说明中国，澄清世界对中国的某些文化误解与偏见；中华文化走向世界还具有影响国际制度乃至国际秩序建构的世界意义。为了使文化更好地走向世界，梳理文化走向世界的理论渊源非常重要，杨利英的《论文化"走出去"战略的理论基础》中指出，中华文化走向世界的理论基础是基于马克思主义经典作家的"世界文化"思想，在经典作家的"世界文化"理论中分析了文化全球化的思想，文化全球化是指导中华文化走向世界的基础理论。

（4）关于中华文化对外传播的内涵研究

中华文化对外传播内涵的研究是文化走向世界的核心问题，任成金的《中国文化走出去的历史借鉴与现实选择》、齐勇锋、蒋多的《中国文化走出去战略的内涵和模式探讨》，吴卫民、石裕祖《中国文化"走出去"路径探析》，周蜻秋的《关于中华文化对外传播的有效方式和策略的思考》等主要从文化走出去途径的不同分析文化走向世界的内涵，从已有的成果来看，关于中华文化对外传播内涵研究还有待进一步的发掘，对于中华文化对外传播内涵的层次、核心内容挖掘得还不够深入，还缺乏有关战略的顶层设计、战略实施目标、战略实施主体、战略实施载体和战略实施步骤的研究，笔者正是根据这一现状，选择了本课题的研究。

（5）关于中华文化对外传播途径的研究

从现有成果看，有学者把文化交流与文化外交、文化外宣结合起来进行研究。比如周丽娟的《对外文化交流与新中国外交》、梁岩的《中国文化外宣研究》、张殿军的《当代中国对外文化交流战略》、赵启正的《公共外交与跨文化交流》、崔婷的《全球化与当代中国跨文化交流》是近期典型的相关著作。这些成果，完整、系统地分析了我国对外文化传播与交流的历史、背景、内容、方式、载体、效果、困境和问题等，是近年来在对外文化传播领域比较突出的研究成果。

（6）关于中华文化对外传播的内在动力研究

近几年，文化走向世界的研究越来越深入，研究角度越来越深刻，对于如何在内在动力上推动中华文化对外传播，鞠宏磊在其《我国文化"走出去"动力机制研究》中提出：

要加强文化走出去实施主体的建设，加大对文化走出去实施主体的支持力度，设定文化走出去的基本发展目标，建构文化走出去完备的政策体系，把对文化走出去的资金支持，作为国家战略，建立文化走出去重大项目推进制度，强化效果考核，完善政府推动力；提供信息服务，发掘环境引导力等具体措施，来构建起文化走出去实施主体的内在动力。

（7）关于中华文化对外传播的内容研究

关于中华文化对外传播措施内容的研究始终是中华文化对外传播研究的重点内容，学界的相关成果相对较多，代表性的成果与观点有：董德福、孙昱在其《关于"中国文化走出去"战略的几个问题》中提出：中国文化走向世界首先应遵循文化交流与文化发展规律，提高中国的核心竞争力；挖掘中国丰富的优秀传统文化资源，总结中国现代经济发展成就中的"文化因素"，作为中国文化走出去的主要内容；要明确文化走出去的主体，精选文化走出的内容，优化文化走出去的路径，根据不同地区的差异，实施文化分类走出去的战略；文化走出去关键还是要增强文化自觉与自信，明确文化走出去实施主体的责任，遵照文化传播规律推动中国文化走向世界。

（8）关于中华文化对外传播存在问题的研究

关于中华文化对外传播存在问题的研究，代表性的成果有：陈正良的《中国"软实力"发展战略研究》、陶国相的《科学发展观与新时期文化建设》、梅春英、黎丽的《中华文化走向世界面临的问题及其对策》和萧盈盈的《中华文化走出去的现状分析与发展思考》。陈正良指出，在中华文化走向世界过程中，中华文化自身的发展还存在许多问题：文化创新能力不够、价值观融合功能欠缺、优秀传统文化资源的挖掘利用不够等；陶国相指出了对于中华文化走向世界认识方面存在局限性、资金投入和专业人才不足、组织管理机制和运行机制相对落后等；梅春英、黎丽和萧盈盈的则详细论述了中华文化走向世界面临的现实问题和核心解决对策。

（9）关于文化产业来推动中华文化对外传播的研究

关于文化产业来推动中华文化走向世界的研究代表性学术成果有：卫志民的《建构中国文化产业"走出去"战略体系的设想》，徐庆峰、吴国蔚的《我国文化产业"走出去"策略分析》，邵汝军的《我国文化产业"走出去"的路径与策略研究》，雷兴长、赵明亮的《文化产品走向世界的战略思路选择》等。概括起来，代表性的观点有：对外文化贸易体制、机制的构建、完善，效仿文化发达国家培育知名文化品牌，培养更多的从事文化产业的专业人才，提升对外市场营销的能力，充分发挥市场机制在配置文化资源过程中的主导作用，开拓、创新多样化的文化走出去模式，推动中国文化更加有效地走向世界，等等。

2. 国外研究现状述评

国外学者已有的研究成果较为丰富，为后续研究提供了丰富的素材和思路，但既有研究也存在一些不足。首先，研究视角比较单一。现有国际传播能力研究主要集中在传播学界，大多数研究者主要基于媒体化视角论述国际传播能力，把国际传播能力建设等同于媒体的国际传播能力建设。已有的国际传播能力研究高度重视媒体层面，强调"传媒化"而忽视其他层面研究。对于其他学科研究者而言，这一视角局限于传播学界，限制了其对国际传播能力的拓展研究。同时，目前学者对文化对外传播能力是什么，应达到什么程度，在什么领域，还很模糊，仍停留在理论层面，而在具体的应用层面很少进行深入研究。其次，在国外很难找到一份系统深入研究对外传播能力建设与提升文化软实力的研究成果。学者们也普遍承认对外传播能力对提升文化软实力的重要作用，但是缺乏对此系统深入的研究。最后，对对外传播能力与文化软实力关系主要进行单一层次的论述，缺乏综合研究。通过对现有文献的梳理已经证明传播能力对于提升文化软实力有重要作用，但已有研究成果更多的是把加强国际传播能力提升文化软实力作为一个既定结果论述。由于这一先验结果的存在，学者们主要从实用主义出发使用，而缺乏对其背后逻辑关系的深入探讨。

单纯考查文化对外传播研究，国外的文化传播相关理论和实践研究起步较早，从事文化学、社会学、国际政治学、外交学、人类学以及跨文化传播学等学科的专家、学者都对该问题有相关研究，出现了一大批知名的文化传播学、跨文化传播学学者和理论流派，譬如威尔伯·施拉姆（传播学奠基人，综合新闻学、社会学、政治学等学科的理论创立了传播学学科）、哈罗德·拉斯韦尔（主要贡献是宣传本质的分析和传播过程的模式研究），库尔特·勒温（主要贡献是提出群体动力传播学理论和"把关人"概念）、保罗·拉扎斯菲尔德（主要贡献是用社会调查法研究受众，提出"意见领袖""两级传播"等理论概念）、爱德华·霍尔（跨文化传播学研究的第一人）、萨摩瓦、波特、汉姆斯和古迪昆斯特（四位跨文化传播学理论和流派的主要代表人物）等等。另外，还有一些从事国际政治文化学研究的学者也关注该领域的研究，如约瑟夫·奈、塞缪尔·亨廷顿等。因为本文的研究重点是中华文化对外传播策略的构建，跨文化传播只是一个研究的视角，故对上述这些学者的学术著作、理论观点、所属流派等没有详细展开阐述，将作为未来在该领域深入研究的理论起点。

时至今日，跨文化传播学还是一个新兴学科，长期以来，我国的文化传播由文化宣传代替，且内宣和外宣界限不清，直到20世纪90年代，我国才出现跨文化传播学的研究学者，从整体水平上看，我国跨文化传播研究还处在初步发展和继续完善阶段。国外直接研究中华文化走向世界的学者和理论成果还不多见，相关的研究多融合在外国智库组织、跨国公司、学术界关于中国问题或东方学的综合研究之中，而官方机构针对中国的研究，大多是中外双边关系、经贸合作以及中国国际地位和国际形象的变化。所以，中华文化对外传播属于我国国内文化发展战略的关键环节，依靠的是对本民族文化的自信，借助跨文化传播的视角开创出有中国特色的跨文化传播理论，把中华文化传播出去。

综上所述，从中华文化对外传播的论题出现以来，学术界的研究已经有了一定的研究基础，取得了一系列的相关成果，大力推动中华文化对外传播已经形成最广泛的共识。但从已有的研究经验来看，大都还停留在感性认识阶段，大多数文章、成果的研究，只是研究某个问题、某个方面、某个角度，还没有全面、系统、深入地研究中华文化走向世界战略的体系。站在宏观的高度，对整体国家中华文化对外传播规划的研究相对较少，对中华文化对外传播实施渠道的研究还缺乏全面的分析，对中华文化对外传播载体的培育还没有形成系统的对策，对中华文化对外传播具体目标的分析也缺乏明确的分层。所以，关于中华文化对外传播的研究理论深度、体系完整性、领域拓展性还有待进一步加强。

三、研究思路与方法

（一）研究思路

文化对外传播从本质上讲就是指通过对外文化交流和对外文化产品出口、对外文化服务出口的形式，主要目的是向其他国家传播文化理念与文化形态。所谓跨文化传播学视域是指运用传播学相关理论与研究方法发现问题、分析问题和解决问题。基于跨文化传播学来研究中华文化对外传播，就是要跳出固有的"文化走出去"的思维定势，用跨文化传播的框架、机制、方式去研究"文化走出去"，以提高"文化走出去"的传播效果和交流效能，通过用传播学策略的嵌入，引导国外传播受众对于中华文化的认同程度，最终接纳甚至追随中华文化。传播学视角下的中华文化对外传播是一个含义和牵涉面较宽的课题。本课题研究以分析跨文化传播、文化交往和中华文化对外传播的相关理论为切入点，深入阐述了文化传播路径与渠道的构建与完善对于中华文化对外传播的推动作用，重点分析中华文化对外传播实施过程中文化传播主体和文化传播渠道建设，在此基础上，还论证了提升中华文化对外传播效果操作手段。

（二）研究方法

中华文化对外传播研究是一个涉及面非常广泛的交叉性研究课题，研究成果的创新有一定的难度，为了实现研究的目标，确保论文观点的科学性、准确性、学术性，所以，在论文的撰写过程中，通过筛选、考证，运用了以下几种研究方法，以保证论文理论写作的言之有理、论之有据。

文献研究法：文献研究法是学术研究最基础的研究方法之一，不管哪一个学科，文献的梳理、归类、分析都是研究的始发点。通过文献研究法，能够对中华文化对外传播研究提供一个比较全面的学术界研究现状，对未解决问题的筛选更加准确、清晰，并能从已有研究成果中概括出新思想、新观点。文献研究法就是通过搜集、鉴别、整理、研究文献形成对事实的科学理解，因此，论文的撰写和完成要依托广泛收集国内外相关资料，查询尽可能多的资料，搜索机构、院所，搜索尽可能多的资料平台和各种有价值的网站数据库，利用有关学术著作和报刊文章等文献，尽量充分占有相关资料，分析研究已有文献的研究现状和前沿，吸收、借鉴有启发意义的学术观点。

案例分析法：案例研究是学术研究惯用的研究方法之一，案例是论文增强说服力的有效途径。在论文写作过程中，充分使用、应用、制作各种丰富的案例素材，例如图示、表格、故事、对话、风俗习惯等。通过对具体案例的解析，为丰富论文理论观点的阐释提供充分的现实佐证。

比较分析法：本论文研究的内容涉及多个学科，已属于比较研究的范畴，综合比较研究又是跨学科研究的常用方法，所以，中华文化对外传播需要借鉴成功国家文化"走出去"的成功经验，且在不同类型国家文化成功走出去的经验比较中吸取为我所用的经验，具体涉及文化"走出去"实施比较成功的国家，对其文化发展战略和文化对外传播策略进行分析，并从中筛选出对我国文化"走出去"有借鉴价值的传播经验。

跨学科研究法：跨文化传播视域下中华文化对外传播研究，是一个综合性的研究体系，内容涉及多个交叉学科，单一学科视角的研究无法达到研究要求，只有综合各个相关学科的知识，从跨学科、多领域、跨纬度介入，视野才会更开阔，思考才会更深刻，研究才会更丰满，才会取得良好的研究效果，所以，本论文的研究涉及传播学、政治学、文化学、社会学、外交学、经济学等多个领域。

四、创新点与不足

（一）研究的创新点

首先，本文从跨文化传播的视角来思考研究中华文化对外传播的理论基础、中华文化对外传播的实施主体、中华文化对外传播的战略目标、中华文化对外传播的传播载体、中华文化对外传播的传播对象以及战略措施等问题。其创新点主要在于研究视角的创新，基于跨文化传播视角对中华文化对外传播的思考，运用跨文化传播理论去考查中华文化如何更加有效地走向世界，面对文化全球化与文化霸权主义的挑战，如何运用传播学的方式方法提高文化走向世界的效果提出自己的意见和建议。

其次，本文客观地分析了中华文化对外传播存在问题的症结，分析中华文化对外传播实施过程中的方法和策略，对中华文化对外传播应以传播效果为主要评判依据进行了初步分析，中华文化对外传播的逻辑起点在于自身文化的强大，所以，应先致力于中华文化的自身建设，从考查文化对外传播的逻辑和文化走出去的"落地"实践上进行论证和关注。形成了"文化自信是依托、综合国力是基础、政府支持是保障"的文化走出去战略指导思想和理清了"谁去传播、怎么传播、向谁传播、传播什么、传播的目标是什么"的战略指导思路。

最后，当前学术界对文化走向世界战略的研究多集中在提高国家文化软实力、增强文化的世界感召力和影响力、维护国家的文化安全领域，本文立足于跨文化传播的视角，如何把中华文化更好地推向世界，进而概括了推动中华文化走向世界的战略与措施。本文写作的立足点是促进世界文化繁荣和人类文明进步，平等、双赢地对外传播中国文化，进行对外文化交流，完全不同于美国式的文化霸权式。这一写作立足点，使得中华文化对外传播在立意和境界上符合马克思主义的立场和观点。

（二）研究的不足

本文的主要不足之处。一是研究跨文化传播视阈下中华文化对外传播研究是一个宏大的、交叉学科的课题，相关理论、观点庞杂，对这些理论、观点的梳理、归纳、评析是一个难点，所以，对研究现状、主要理论的整理、归纳还不够全面。二是作者对外文资料的获取较为有限，是本论题研究的一大缺憾，现有的关于中华文化对外传播的外文资料，主要是英文资料，有关其他语言区域的研究资料和数据仅能从第三方翻译资料中去参考，这其中可能会产生一些误差。三是由于本人所从事专业和专业水平的限制，对传播学、跨文化传播学理论的分析可能还不够深入，对利用跨文化传播学的理论和方法分析中华文化对外传播可能会出现一些瑕疵和不足。

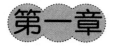

跨文化传播视阈下中华文化对外传播的基础理论分析

中国文化亦即中华民族文化，是指中国各族人民在几千年文明发展史中稳定的生存方式，民族情感、民族意识的积淀和民族精神、价值取向等的凝结。中华文化对外传播是以马克思主义世界观和方法论为基础的马克思主义文化理论指导下实施的。

一、基础理论概述

经典作家的文化理论，是我国文化发展的理论基础和根本指导原则。促进中华文化对外传播是我国当代文化建设的重要任务，把握文化建设任务的方向、促进文化事业的壮大，需要依托科学、有效的理论指导，马克思主义经典作家的文化思想是我们对外文化传播、实施文化走向世界战略的根本理论渊源。

（一）马克思恩格斯列宁的相关理论

1. 马克思主义文化理论的方法论意义

（1）马克思主义是中华文化对外传播的科学世界观和方法论

马克思主义是科学的世界观和方法论，马克思的整个世界观不是教义，而是方法。它提供的不是现成的教条，而是进一步研究的出发点和提供这种研究使用的方法。① 因此，马克思主义给予我们的不是有关问题的具体答案，而是一种思维方式和解释问题的方法。对文化的深入理解，需要科学有效的思想武器，对文化传播目标、性质、条件、意义的科

---

① 《马克思恩格斯全集》（第39卷），人民出版社，2020年版，第406页。

学把握，只有借助于马克思主义的世界观和方法论，才能基于自身文化现实面向世界，在实践中推动中华文化对外传播。

首先，马克思主义世界观解释了社会发展的一般规律，同时也是中华文化对外传播所要遵循的一般规律。马克思曾经说过：在任何社会的发展阶段，都离不开人的物质生产活动，物质生产活动及生产方式制约着整个社会生活、政治生活和精神生活的过程。[①] 中华文化对外传播作为扩大对外开放，加强对外文化交流的重要内容，必须分清现实的人与文化传播之间的关系，把握现实的人在社会现实中的物质生活规律，中华文化对外传播是面对人（传播受众）的传播，搞清楚人所处的物质生活环境和文化接受规律，才能从根本上推动中华文化对外传播的实施。

其次，马克思主义方法论是认识和改造世界的思想武器，同时也是中华文化对外传播所要遵循的基本方法。"一切从实际出发""对具体情况作具体分析""历史和逻辑相一致""理论与实践相结合"，是马克思主义方法论的四大基本命题。"[②] 这四个基本理论命题，是马克思主义的基本方法论，是辩证唯物主义和历史唯物主义的根本方法论，也是中华文化对外传播理论构建和实践的思想武器。恩格斯说过：唯物辩证法"多年来已成为我们最好的工具和最锐利的武器"。[③] 我国的文化建设系列理论都是在其指导下产生和完善起来的，马克思主义方法论为中华文化对外传播奠定了理论前提。

（2）马克思主义文化理论拥有对外开放的包容心态，是中华文化对外传播的基本理论基础

分析马克思主义文化理论指导中华文化对外传播的实践，须进一步探讨马克思主义文化思想与中华文化对外传播的关系。马克思主义文化观拥有开放的包容心态，中华文化对外传播，本质就是中国文化的对外开放，是中华文化"引进来"与"走出去"的结合，所以，马克思主义文化思想的内在特征与中华文化对外传播的本质内涵是统一的。列宁曾指出，"把资本主义制度所创造的一切积极的成果用到公社中来"[④]，体现了借鉴国外资本主义文化、文化对外开放的基本内涵。中华文化对外传播的过程中，也需要树立对外开放的包容心态，学习西方的先进文化，学习其他文化形态的优点，汲取人类文化发展历史上一切进步的文明成果。"马克思主义这一革命无产阶级的思想体系赢得了世界历史性的意义，是因为它并没有抛弃资产阶级时代最宝贵的成就，相反却吸收和改造了两千多年来人类思想和文化发展中一切有价值的东西。"[⑤] 由此可见，马克思主义文化观主张借鉴其他文化在其发展过程中积累的文化经验，借鉴和吸收这些经验，与本民族文化相融合，促进

① 《马克思恩格斯全集》（第2卷），人民出版社，2020年版，第32页。
② 侯惠勤：《马克思主义方法论的四大基本命题辨析》，《哲学研究》2020年第10期，第3页。
③ 《马克思恩格斯全集》（第4卷），人民出版社，2020年版，第242页。
④ 《马克思恩格斯全集》（第3卷），人民出版社，2020年版，第765页。
⑤ 《列宁全集》（第4卷），人民出版社，1995年版，第29页。

本民族文化建设，为文化"走出去"奠定基础。

2. 马克思主义关于"世界文化论述"

马克思在《人类学笔记》中较早地分析了有关世界文化的论述。马克思通过对世界不同地区、不同民族、不同文化的基本状况和发展演变做了分门别类的研究、分析，提出了人类文化发展多样性的观点。他通过阅读美国摩尔根的《古代社会》、俄国柯瓦列夫斯基的《公社土地占有制：其解体的原因、进程和结果》、英国梅恩的《古代法制史讲演录》、拉伯克的《文明的起源和人的原始状态》、印度菲尔的《印度和锡兰的雅利安人村社》等著作，并对这些著作进行比较分析，他认为：人类文化发展是多样的，文明的形式也是多样的。这表明了马克思在文化观上的新认识，预示着马克思世界文化思想的萌芽。马克思、恩格斯在《共产党宣言》中指出：过去那种地方的和民族的自给自足和闭关自守状态，被各民族的各方面的互相往来和各方面的互相依赖所代替了。物质的生产是如此，精神的生产也是如此。各民族的精神产品成了公共的财产。民族的片面性和局限性日益成为不可能，于是由许多种民族的和地方的文学形成了一种世界的文学。世界文化的到来打破了民族性和地域性文化的狭隘性，使得各民族的文化成为世界的精神财富。

马克思、恩格斯高度地概括这种"世界的文学"（全球化）的产生过程给各个民族所带来的积极影响，同时也肯定了这种交往给个体带来的机遇。总之，马克思、恩格斯在其经典著作中对世界文化已经有了详细的描述和分析，马克思、恩格斯从整体上认识世界文化，认为文明是多样的，文化是多元的，多样文明和多元文化之间是相互交流、借鉴的。列宁也曾强调，无产阶级文化不是从天上掉下来的，也不是什么人杜撰出来的。"但仅靠摧毁资本主义，还不能填饱肚子。必须取得资本主义遗留下来的全部文化，并且用它来建设社会主义。"

3. 马克思主义的"世界交往理论"

在整个关于交往的理论体系中，马克思主义的世界交往理论占有重要地位，马克思主义的世界交往观，深刻揭示了交往的本质，马克思交往观将交往的普遍性的空间延展至全球，形成世界交往理论。[①] 交往是马克思历史唯物主义中的一个整体性范畴，是对人的生存状态的深刻描述。马克思认为，交往是人类第一个历史活动——物质生活资料生产的前提，是历史转变为世界历史和人类历史前后相继的不可或缺的根本条件。马克思认为，交往世界化是生产方式扩张的结果，不断扩大产品销路的需要，资本家奔走于全球各地，建立世界化的产销链条，生产的发展驱动资本家到处建立联系，交往就内含在这种联系之中，随着生产方式的世界化带动了其他交往形式出现。"随着生产交往的世界化必然带来

---

① 李栋材：《交往的普遍性蔓延：世界历史的发端——马克思交往理论剖析》，《中共四川省委省级机关党校学报》2013年第2期，第53页。

文化的世界化，这是一种必然的附带结果"。

首先，从交往的内容来看，马克思将社会交往分为物质交往和精神交往。物质交往从本质上分析是指人与人之间的物质资料的交换关系，这种物质资料的交换关系是建立在物质生活资料的生产基础上的，物质交往是人们之间的一切交往关系的基础。它既指人与自然之间的物质交换关系，也指人与人之的社会变换关系。精神交往则是指在物质活动和物质交往的基础上，对人们之间物质交往关系的观念反映，是借助于语言符号所实现的思想交流、沟通或争论等。马克思指出，人们的想象、思维和精神交往在这里还是人们物质行动的直接产物。①

其次，从交往的范围来看，马克思将社会交往分为内部交往和外部交往。内部交往是指一个民族、国家内部人与人之间的相互联系、相互作用的方式、过程及其结果，具体表现为一个民族、国家内部的经济基础、政治制度、文化形态、体制机制、文明习惯、风俗民规、社会心理和社会意识形式等。外部交往是指民族、国家之间的相互联系、相互作用的方式、过程及其结果，具体表现为民族、国家之间在经济、政治、文化、军事等方面的交流、沟通、合作、竞争乃至对抗。马克思指出："各民族之间的相互关系取决于每一个民族的生产力、分工和内部交往的发展程度。"② 在这里，马克思从分析商业交往入手研究社会交往，商业交往是内部交往和外部交往的实质，商业交往促进了生产的社会化，生产的社会化促进了人的社会化，人的内部社会化和外部社会化的过程体现了不同文化间交流、互动的过程，体现了交往的世界化过程。

再次，从交往的空间来看，马克思将社会交往分为地域性交往和世界历史性交往。地域性交往是指人们之间以地域为媒介而进行的交往。在地域性交往中，人们生活在以血缘、地域联系起来的群体之中，人的自身的特征为地域和血缘特征所取代，表现为地域和血缘关系共同体的一个部件和附属物。世界历史性交往是指在分工和商品交换日益扩大、机器大工业的出现和新航路开辟结果——世界市场形成的情况下，各民族突破最初的地域性交往的限制，由地域性的存在转变为世界历史性的存在，交往成为世界交往。马克思认为交往普遍性的世界蔓延过程就是交往世界化的过程，这促进了世界历史的展开。

最后，从交往的结果来看，马克思认为交往推动历史走向世界历史。根据马克思主义历史观的观点，世界历史的形成是人类交往范围扩大的结果，人类的交往逐渐从区域层面逐渐扩大到世界层面，促使世界历史的形成，在世界历史的形成过程中，交往起着任何其他因素都不能替代的作用。交往使得各民族国家打破地域性的存在状态，在政治、经济、文化方面的联系日益密切和加强，本民族的发展越来越融入到世界历史的发展轨道。马克思指出："过去的那种地方的和民族的自给自足和闭关自守状态，被各民族的各方面的相

---

① 《马克思恩格斯选集》（第1卷），人民出版社，1995年版，第72页。
② 《马克思恩格斯选集》（第1卷），人民出版社，1995年版，第68页。

互往来和各方面的相互依赖所代替了。物质的生产是如此，精神的生产也是如此。"①

分析马克思主义的交往理论，可以帮助我们认清交往的本质，中华文化对外传播的过程其实就是与世界其他民族文化交往的过程，熟悉交往的规律，掌握交往的方法，是文化走向世界成功的前提条件，马克思主义的文化交往理论为中华文化对外传播提供了科学的理论指导和坚实的理论基础。

（二）中国共产党领导人的文化传播思想

1. 毛泽东文化交流思想

毛泽东非常重视中外文化交流、主张向外国学习。这一思想，是在探索中国革命道路、领导中国革命和建设的实践中，逐步形成、丰富和发展起来的。关于中西文化交流的论述，是他文化思想的重要内容和组成部分，是其在文化领域成功地运用马克思主义唯物辩证法的体现。毛泽东认为：我国的社会主义文化建设应该依托优秀的传统文化，并借鉴、汲取世界其他民族优秀文化的营养。中国作为一个新兴的社会主义国家，其文化上的建设也需要结合新时期的时代特点，做到"古为今用""洋为中用"。世界各国劳动人民都创造了灿烂的民族文化，在这些世界优秀的文化遗产中，有很多值得我们学习、借鉴的内容。我们要从我国社会主义文化建设的大局出发，对世界优秀文化加以借鉴、吸收，为我所用。毛泽东看来，"近代文化，外国要比我们高，要承认这一点"。② 因此，"我们的方针是，一切民族、一切国家的长处都要学，政治、经济、科学、技术、文学、艺术的一切真正好的东西都要学。"③ "中国应该大量吸收外国的进步文化，作为自己文化食粮的原料，这种工作过去还做得很不够。"④

2. 中国特色社会主义文化传播思想

改革开放以来，我国社会主义文化建设理论取得了巨大成就，形成了具有中国特色、中国风格的文化思想，其中社会主义文化开放与文化传播思想是重要的理论成果，主要内容包括：邓小平理论中的文化开放思想，江泽民的文化建设思想，胡锦涛的文化软实力思想和习近平的对外文化交流思想。

邓小平文化开放思想。邓小平是党的第二代领导集体的领导核心，邓小平理论在改革开放的过程中，创造性地阐述了社会主义文化建设的思想。我国的对外开放从范围上讲包括对所有国家开放，从内容上讲包括经济、政治和文化的开放。邓小平对时代主题和世界形势的新判断，不仅是他经济、政治开放理论创立的前提，也是文化开放思想的逻辑起

---

① 《马克思恩格斯选集》（第1卷），人民出版社，1972年版，第254-255页。
② 《毛泽东著作选读》（下卷），人民出版社，1986年版，第751页。
③ 《毛泽东著作选读》（下卷），人民出版社，1986年版，第740页。
④ 《毛泽东选集》（第2卷），人民出版社，1991年版，第706-707页。

点。邓小平同样提出了"向外国学习"思想，在强调改革开放的重大意义的同时，就明确社会主义文化发展也要借鉴经济上的开放政策。"对外开放适用于精神文明建设"这一论断可以看作是邓小平对中国文化对外开放的有益探索。邓小平强调，"要善于从其他国家和民族的文化中吸取营养，发展自己。我们讲借鉴，目的是通过经验和借鉴，使外来文化的精华，同我党的优良传统和革命精神有机地结合在一起，并在新的实践基础上不断创新，建设和发展有中国特色的社会主义文化。"邓小平提出，在对外文化交流中，"引进来"和"走出去"是文化开放相辅相成的两个方面，两者缺一不可。邓小平认为，对外开放（包括文化开放）的过程，是学习、吸收、借鉴别国成功经验的过程，这个过程是必要的；同时，又必须把我们好的东西，优秀的东西推向世界，为世界人民做贡献。

江泽民的文化建设思想。在 20 世纪 90 年代，随着国际形势的变化，文化在国家综合国力体系中的分量越发突出，江泽民同志审时度势，提出一系列新时期我国文化建设的新论断，深化了党对社会主义文化建设规律的认知。江泽民认为，中国特色的社会主义的文化应代表中国先进文化的发展方向，这是在新的历史时期，提出的对文化建设的基本目标和根本要求。"我们能不能继承和发扬中华民族的优秀文化传统，吸收世界各国的优秀文化成果，建设有中国特色社会主义的文化，这是事关中华民族振兴的大问题，事关建设有中国特色社会主义事业取得全面胜利的大问题。"[1] 江泽民反复强调，建设中国特色社会主义的文化必须：牢牢把握先进文化的前进方向；积极发展文化事业和文化产业；深化文化体制改革。"在新的形势下，我们更加重视利用有利的国际条件，坚持对外开放，以加速我国的社会主义现代化建设"，强调实行文化对外开放"是改革和建设必不可少的，应当吸收和利用世界各国包括资本主义发达国家所创造的一切先进文明成果来发展社会主义，封闭只能导致落后"。以江泽民为核心的第三代领导集体强化了"引进来""走出去"的文化发展战略。"我国文化的发展，不能离开人类文明的共同成果。要坚持以我为主、为我所用的原则，开展多种形式的对外文化交流。"

胡锦涛的文化软实力思想。胡锦涛在党的十七大报告中提出了加强文化软实力建设的思想，党的十七大后把"提高国家文化软实力"提高到国家战略的高度，表明中国共产党对文化的重要地位和作用的认识提升到了一个新境界和新水平。胡锦涛在党的十七大首次将民族复兴与文化繁荣联系起来，首次明确将文化作为国家的"软实力"提出来，从全局战略的高度出发把文化建设提高到了空前重要的位置。[2]

胡锦涛在庆祝中国共产党成立 90 周年大会上郑重指出："要着眼推动中华文化走向世界，形成与我国国际地位相对称的文化软实力，开展各种形式的对外文化交流活动，提高中华文化国际影响力。"胡锦涛强调，我国是一个文化资源极其丰富的大国。在经济全球

① 《江泽民文选》（第 1 卷），人民出版社，2006 年版，第 507 页。
② 廖子君：《中共领导核心对马克思主义文化理论中国化贡献研究》，南昌大学 2010 年硕士学位论文，第 31 页。

化背景下，提高我国文化的国际影响力，创新文化体制机制，深化文化体制改革，要将推动中华文化走向世界，增强中华文化国际影响力作为一个重要的文化建设内容，同时提出了要"构建和发展现代传播体系，提高传播能力"的战略要求。

习近平的对外文化交流思想。习近平的对外文化交流思想的主要内容可以概括为两个层次：一是积极创新对外传播理念，更新对外传播形式。要努力传播当代中国价值观念；当代中国价值观念，就是中国特色社会主义价值观念，要加强提炼和阐释，拓展对外传播平台和载体，把当代中国价值观念融会于对外文化交流和传播的整个过程中；与当代中国价值观念结合起来宣传和阐释中国梦。二是加强传播能力建设，重塑中国大国形象。增强对外话语的创造力，加强传播能力建设，对外努力展示中华文化独特魅力。要使中华民族最基本的文化基因与当代世界文化相适应、相协调，提高对外文化交流水平，完善人文交流机制，创新人文交流方式，综合运用大众传播、群体传播、人际传播等多种方式展示中华文化魅力①。

二、文化全球化理论分析

美国社会学家罗兰·罗伯逊认为，全球化不是单纯的经济问题、政治问题或国际关系问题，而首先是一个文化问题。文化全球化是指在全球范围内的一种文化传播模式，它是与文化传播相关的资源、资金、生产、人才、产品以及市场等的全球性流动。有学者就认为，从文化和文明的角度看，文化全球化是人类文化、文明交流程度加深的标志，是人类社会未来的趋势和存在状态；从社会角度看，全球化是地方社会政治控制程度的削弱，是文化集体成就的贬值。全球性的文化交流与融合已经形成不可阻挡之势，文化全球化作为人类文化发展的一种新趋势已经成为一种事实性存在。从另一个角度来说，文化全球化是一个不容忽视的客观存在或发展趋势，我们应积极应对并参与其中。正如在"经济全球化"中我们应该积极参与制定"游戏规则"那样，在"文化全球化"中我们也要积极参与全球文化体系的构建和流通规则的制定。实际上，"文化全球化"所反映、所承认的唯一事实是多元文化共在、共构，相互交流、渗透、沟通和融合，由此达到世界"和谐文化"的"和合"共存。

（一）文化全球化的传播学内涵

文化全球化是一个充满悖论、各种矛盾相互交织的过程，我们不能回避，文化全球化已经表现出繁杂的发展态势。在国际社会，不同的学者用不同的观察角度来分析文化全球化，所以，产生了许多争论和分歧，关于文化全球化传播学内涵的争论是近来争论的新

---

① 《习近平在中共中央政治局第十二次集体学习时发表重要讲话》，2013 年 12 月 30 日。

焦点。

日本学者星野昭吉在其《全球政治学》中认为，"文化全球化意即全球文化的相互依存、相互作用以及文化角色之间的相互交流，它允许分离化同质化并存。"① 戴维·赫尔德在《全球大变革》中，把文化全球化看作是 "文化关系和文化实践的延伸与深化，即人和物的运动有助于在广泛的范围内建立一种共享的文化信息模式，从而有助于在不同地方之间建立一个地方的文化思想影响另一个地方的思想。"② 所以，文化全球化是一个矛盾冲突和开放的过程，它不可能是个民族文化的趋同化，而是一种跨文化对话和交流的机制。

当前，全球化以经济为中心，逐渐向政治、文化、意识形态等领域扩散。在文化全球化成了当前国际社会的现实语境，文化的全球化要求国家的对外文化传播在文化资源开发、文化产品出口、文化传播方式培育上符合全球化的特点。在文化全球化背景下如何保护国家文化安全、搞好文化对外传播、提高国家文化地位成为关注的重点。为此，我们对文化全球化传播学内涵的理解，可以明确以下几个层次：

首先，文化全球化就是文化向全球传播的过程。这是文化发展的必然历史进程，文化全球化是在经济全球化的带动之下产生、发展起来的，在特征上具备经济全球化的特征，在表现形式上体现为全球层面上交流与传播。在全球化背景下，各民族、国家民众的生活方式、消费方式日趋接近，在文化认知上形成了相似的文化价值观念，这就为他们之间的交流、沟通奠定了内在的文化价值基础；另外，随着世界交通设施和手段的进步、通信方式和互联网等新通信媒体的发展又为世界各国人民创造了加深交往的客观条件，于是，符合人类社会发展需要的现代文化在全球确立并传播开来，开启了人类文化全球化时代，文化全球化已经成为客观存在的事实。一方面，文化的全球化形成了人类交往的世界化，文化产品的生产和消费在世界范围内扩展开来，世界各国民众的文化消费趋向、喜好，甚至现代的日常生活方式都越来越趋同。另一方面，21 世纪的今天，全球公共问题（例如人口问题、生态问题、能源问题、反恐问题、民族宗教问题等）的出现，客观上要求各国加强沟通与合作，文化间的交往与传播是这种沟通与合作的副产品，两者间互为促进，催生出世界各国国民的 "全球意识"，推进了文化全球化的进程。

其次，文化全球化是各国、各民族文化在全球范围内的交流。随着工业革命的深入发展，催生了现代交通技术的进步，现代化的通信手段也应运而生，世界各国间的交流也越来越频繁，世界性交往的形成带动了文化上的全球化。马克思、恩格斯论述过 "世界的文学" 的概念，其实就是指经历了高度整合过程的 "全球文化"。所以，文化全球化的本质内涵就是指世界各国、各民族文化克服地域空间的阻隔和文化认同方面的障碍，在全球范

---

① ［日］星野昭吉：《全球政治学》，刘小林等译，新华出版社，2000 年版，第 191 页。
② ［英］戴维·赫尔德：《全球大变革》，杨雪东译，社会科学文献出版社，2001 年版，第 60 页。

围内实现文化交流、渗透、认同和共享的过程，这个过程造就了"全球文化"的形成，并使文化交流成为文化全球化的主流形式。

最后，文化的全球化结果和全球传播的目标是实现世界文化的"多样化统一""多元化发展"和"和谐共生"。罗伯森强调："充分发展的多元主义，将不得不以实现文化多样性这种价值观在全球的普遍化为轴心"。① 在文化全球化的格局中，各国家、民族文化形态都是格局的重要组成部分，各国家、民族文化形态在交流中成长和丰富，文化全球化不是全球文化单一化，各种文明制度、意识形态、文化形态将长期共存，相互交融，形成"多样化统一""多元化发展"和"和谐共生"的发展局面。"在可以预见的将来，不会有普世文明，有的只是一个包容不同文明的世界，而其中的每一个文明都得学会与其他文明共存。"② 因此，文化全球化的最终归宿是世界文化发展的多元化统一、包容性差异与和谐共生。

（二）文化全球化的传播方式

文化全球化的本质就是文化在全球范围内的传播，是全球文化间的交流、互鉴、碰撞、融合。一般意义上讲，这种文化上的传播有两种形式：一种是纵向的文化传播，文化人类学家们把这种文化传播、传递方式叫作"濡化"；另一种是横向的文化传播，同样，文化人类学家们把这种文化传播、传递方式叫作"涵化"。

具体来说："濡化"是指两个或两个以上不同文化体系间由于持续接触和影响而造成的文化变迁。是两个不同文化体系间思想和标准融合成一个新的文化体系，但很多情况下一个文化体系通过筛选的过程完全吸取另一个文化特征。起主导作用的文化体系能迫使其他文化体系改变。正因为这样，濡化作用可能促使思想和社会的变化。一种文化自身内部会产生一种接受主流文化方式的新的需求。因为这种需求，我们自然就放弃了对原有文化的需求，而用新的文化需求取而代之。这种改变过程就是同化，在这个过程中，原有文化显得不那么重要了。这个过程也是跨文化适应的一部分，不同的文化需要不同的适应，同移居到一个陌生的文化环境里相比，移居到一个和自己原来居住环境相似的新地区所需要的文化适应就会少一些。"涵化"通常指由不同文化个人组成的群体，因持久的、相对集中的接触，两者相互适应、借用，造成一方或双方原有的文化模式发生了大规模的文化变迁。涵化的传播方式有：直接传播、载体传播和刺激传播。直接传播比较简单；载体传播是通过媒介文化在群体间传递；刺激传播是受某一文化的影响，如科技、发明，而刺激一国的特定文化发展。在文化的"涵化"过程中，因不同文化在接触中的状态和接触程度的不同，表现出不同的涵化结果，我们所研究的文化全球化是文化涵化引发的结果。总之，

① 罗伯森：《全球化：社会理论和全球文化》，梁光严译，上海人民出版社，2000 年版，第 102 页。
② 云德：《全球化语境中的文化选择》，人民文学出版社，2008 年版，第 10 页。

通常我们认为，文化的"濡化"主要体现在文化形态的内部代际传递上，或一种文化形态完全吸收另一种文化形态的特征，被对方同化的过程；而文化的"涵化"则主要体现在不同文化形态之间交流、渗透、认同、共享的传播过程。

但是，在文化全球化背景下，文化的"濡化"过程与"涵化"过程越来越界限不清，两种方式交叉出现，"濡化"中有"涵化"，"涵化"中有"濡化"，文化全球化的传播过程是"濡化"与"涵化"共同作用的结果，但在具体过程中"涵化"体现得稍多一些。

三、跨文化传播理论分析

跨文化传播实践的历史非常悠久，从广义上来说，跨文化传播的实践是伴随着人类社会的产生而产生的。从学理上说，跨文化传播指属于不同文化体系的个人、组织、国家之间所进行的信息传播与文化交流活动。跨文化传播的核心是它的"跨文化"。①

（一）跨文化传播的渊源

在整个传播学领域，跨文化传播学算是一门年轻的学科。跨文化传播学源自跨文化交流学，而跨文化交流学又起源于文化人类学等学科。20 世纪 70 年代，跨文化传播作为一门学科逐渐被人们接纳。跨文化传播先驱 John Carl Condon 与 Yousef 于 1975 年合著了《跨文化传播学导论》（Introduction Intercultural Communication）一书，从人类学、语言学、国际关系学和修辞学等方面综合探讨了跨文化传播问题。此书与 Samovar 和 Porter 在 1972 年合著的《跨文化传播学读本》（Intercultural Communication：A Reader）被认为是 20 世纪 70 年代跨文化传播研究的突出贡献。到 20 世 70 年代末，《国际和跨文化传播年鉴》等专业性跨文化传播的出版物出现；到 20 世纪 80 年代初，有关跨文化传播的课程不断增加，其中本科课程数目达到 230 门，硕士课程数目超过 60 门，博士课程数目超 18 门。跨文化传播学作为一门学科在美国文化学者的推动下，在传播学领域得以形成，并得到学术界的认可。中国的跨文化交流学起步于 20 世纪 80 年代。1982 年，汪琪在我国台湾出版了《文化与传播》，这是我国第一本跨文化交际学的教科书，其后有黄葳威在 1999 年出版了《文化传播》等著作。在大陆，北京大学的关世杰教授于 1995 年出版了《跨文化交流学》，其后在 2004 年出版了《国际传播学》，把跨文化交际学延伸到国际传播领域。随后 1997 年，哈尔滨工业大学贾玉新出版了《跨文化交际学》，北京外国语大学胡文仲在 1999 年出版了《跨文化交际学概论》，华中科技大学陈俊森、樊葳葳在 2000 年出版了《外国文化与跨文化交际》等。

---

① 李冰玉，孙英春：《跨文化传播的视觉化趋向与中国出版"走出去"的实践场域》，《现代传播》（中国传媒大学学报）2020 年第 1 期，第 62-66 页。

　　随着跨文化交流学在大众传播领域的应用与发展，跨文化传播学随之诞生。在我国对外传播事业的长足发展背景下，学界对于对外传播中的跨文化特点也越来越关注。1988年，著名学者段连城出版了《对外传播学初探》，这是我国首部具有开创意义的跨文化传播学著作，作者特别强调对外传播要注重"文化差别"，应遵循"内外有别"的传播原则。我国著名的文化传播学者沈苏儒先生在2004年出版的《对外传播的理论与实践》一书中则强调："对外传播是跨文化的传播。"2010年单波出版了《跨文化传播的问题与可能性》一书，2011年程曼丽、王维佳出版了《对外传播及其效果研究》一书，2015年中国传媒大学孙英春教授出版了《跨文化传播学》一书，在对外传播的实践中，以这些学者为代表的我国学界对于对外传播与跨文化交流两个学科的交叉性有了日益明晰的认识，并注重在理论和实践中对这两个学科加以融合，促进了跨文化传播学科的发展和成熟。虽然中国学界对跨文化传播学的学术边界还没有统一的定论，但这并没有妨碍跨文化传播研究的理论与话语在中国学术和社会实践中的渗透及体现其重要的参考价值。当前，中国对外、对内的跨文化传播实践日益广泛深入，中国社会文化迅速发展变迁的现实，为跨文化传播研究在中国的拓展提供了绝好的"问题场域"与实践途径，跨文化传播视域下中华文化走向世界的研究在这一背景下应运而生。

（二）跨文化传播的系统理论

　　跨文化传播学作为文化传播活动的一个重要知识系统，其理论研究的核心问题是学科基础的构建，跨文化传播的主题、话语、概念、理论、范式等都是需要建设的内容。

　　20世纪50年代至今，跨文化传播研究使用的理论颇为庞杂，大致有三个来源：第一，把传播学的理论加以扩展，形成跨文化传播理论，这是比较多见的；第二，直接援引其他学科的理论作为跨文化传播理论；第三，在对跨文化传播现象研究后单独发展的理论，主要是在20世纪80年代前后陆续出现并逐步得到应用。本文为了研究和借鉴的便利，把有关的跨文化传播理论分为两大类：一类是文化传播与文化差异理论；另一类是跨文化调整理论与跨文化适应理论。

　　关于文化传播与文化差异理论。研究文化与传播的关系的理论，较有代表性的有传播与文化的建构理论（Constructivist Theory of Communication and Culture）、意义的协同管理理论（Coordinated Management of Meaning）等。有关解释传播过程中文化差异的理论，主要包括面子—协商理论（Face - Negotiation Theory）、会话制约理论（Conversational Constraints Theory）和预期违背理论（Expectancy Violation Theory）等。1988年，詹姆斯·阿普尔盖特等开始用建构主义理论研究文化与传播，开拓了研究传播与文化之间关系的新的理论视角。在文化的建构主义理论中，阿普尔盖特重点研究文化与传播的相互关系。他认为传播就是"一种通过分享、交换信息进行相互识别的互动过程"，这一过程是目标驱动的，个体会根据其所思所想来完成他们的目标。另外一些著名学者，如巴尼特·皮尔斯（Barnett Pearce）等通过考查文化在意义的协同管理中扮演的角色，提出了意义的协同管理理论，这一理论的核心观点在于：所有的传播都是各不相同的，也是社会的；社会的道德秩序是传播的组成部分；多样性对于传播过程中的信息传递和信息解释来说，尤为重要。面子—协商理论对由东西方文化造成的传播差异提供了独特的解释，核心观点是：文化价值观影响文化成员如何管理自己的面子，文化成员面对冲突时如何处理，价值观影响了不同文化成员对面子和冲突情景的处置方式。会话制约理论则解释了不同文化在传播策略选择上的差异：在追求目标的过程中，集体主义文化的成员常常认为维护面子的行为（比如避免伤及听者感情、避免强加于人、避免听者的负面评价等）更为重要；相比之下，个体主义文化的成员更加重视透明度。预期违背理论主要关注的是传播过程中信息接受与处理的冲突。高语境文化（High Context Culture）与低语境文化（Low Context Cultur）理论，也是文化差异的很好理解方式。爱德华·霍尔将文化语境分为高语境与低语境，高语境文化中的语言本身的所指并不能代表其全部意义，而是需要到语境，即这个文化群体的习惯、思维、潜意识中去寻找背景，解释意义，因此处于高语境文化中的语言意义是相对模糊的。而低语境文化则是语言本身能够指明其意义，这个意义与文化群体的整体思维、习惯、潜意识保持一定的距离，语言意义相对明确。霍尔将中国、日本等国含蓄的文化形态指称为高语境文化，表明文化语境对语言的强大解释作用。而美国欧等国直白的文化形态被称为是低语境文化，语言表达本身直来直去。高语境文化与低语境文化的区分，为跨越文化形态的传播行为提供了一个参照视角，当长期生活在某种文化语境的人们进入另一种文化语境时，他们将面临思维和行动的障碍，难以理解传播中的意义并可能造成行为的失误。

跨文化调整与适应理论。关于跨文化调整或适应的理论，主要观点是文化传播的参与主体之间的相互适应。主要理论形态包括跨文化适应理论（Intercultural Adaptation Theory）、传播调整理论（Communication Accommodation Theory）。跨文化适应理论是休伯·埃林斯沃斯（Huber Ellingsworth）在 1983 年提出的，主要目标是阐释传播主体在遇到受体时如何适应的问题。埃林斯沃斯认为，所有的传播活动都会涉及不同程度的文化差异，为此，对跨文化传播活动的解释应从人际传播入手，同时要纳入相关的文化要素来进行考查。基于这一理解，跨文化适应理论提出了相关假设。通过对这些假设的论证，埃林斯沃斯指出，功能性的适应传播（Adaptation Communication）以及适应过程中的公平（Equity），有利于传播过程的完成；非功能性的适应传播，则会激发文化差异并延缓任务的完成时间；在适应传播的过程中，当传播者之间不得不相互合作时，公平就实现了。他还指出，适当地运用一些说服策略有利于适应传播，再者，传播者的适应性行为越多，其文化信仰的变化也就越大。在跨文化传播调整理论中，传播调整理论所关注的重点是特定社会语境中传播主体传播行为的变化及变化的出发点。20 世纪 70 年代，为揭示社会语境中语言的变化特别是口音易变性（Accent Mobility），霍华德、贾尔斯（Howard Giles）等提出了会话调整理论（Speech Accommodation Theory），用于考查人们在交往过程中使用"趋同"（Convergence）、"分化"（Divergence）等会话策略的心理动机。根据这一理论，在与他人进行互动的过程中，说话者会运用"趋同"或"分化"的语言策略，用以缩小或拉大传播的距离。1987 年，在会话调整理论的基础上，贾尔斯提出了传播调整理论，立足于语言、认同和语境之间的关系，通过评价语言、非语言等行为来理解不同群体和人之间的互动。核心观点是：互动中的人们通过使用不同的会话和行为策略来显示自己的态度，还会运用这些策略来获取听话人的赞同、好感，或用以彰显认同的独特性。此外，这些会话和行为策略的使用与变化，不仅与传播者的动机有关，还会受到传播者的认同以及传播所处的社会历史语境（Socio Historical Context）的影响。传播调整理论认为，第一，传播活动在宏观上受社会历史语境的影响，在微观上则受到参与者的初始取向（Initial O-rientations）的影响，而后者的影响更为直接。第二，传播策略始终受到初始取向和人际互动的具体特征的影响，其中包括：被接纳和彼此熟悉的需要，被他人理解和理解他人的需要，以及保持面子、维持关系、保持人际控制的需要等。第三，传播调整是语境、社会规范和特定行为综合作用的结果，随着语境和行为的变化，人们的动机和调整策略也会处于动态变化之中。

（三）跨文化传播的基本内涵

古迪孔斯特有句名言：跨文化传播涉及有关文化与传播研究的方方面面。跨文化，简而言之，就是两种不同文化之间的交流或传播，主要有跨文化交流和跨文化传播两种形式。跨文化交流主要指人际传播层面的跨文化，它是指来自不同文化背景的人们相互交流的一种情境。而研究语境中跨文化传播多指大众传播层面的跨文化，即处于一种文化中的媒体向另一种文化中的受众进行传播。"跨文化传播"这一术语在汉语中有多种表述方式，有"跨文化交流""跨文化交际""跨文化传播"等。这是由于跨文化传播学的研究在我国起步较晚，学术界还没有形成统一的学科研究体系。另外，研究跨文化传播的学者的知识背景和研究的目的也不尽相同，一般都是按照本人研究的需要，去选择翻译方式，也造成这一研究范畴称谓的差别。譬如，具有传播学学术背景的学者一般选择"跨文化传播"的译法；从事语言学和外语教学与研究的人员大都使用"跨文化交际"，主要是侧重人际交往的研究，在对外交往过程中提高跨文化交际技巧；而在国际关系、外交和其他层次的对外文化交往等领域，则更多的是使用"跨文化交流"。当前，学界对跨文化传播内涵的界定有多重形式，其研究的视角也不尽相同，大致梳理可以归纳为如下类型：

第一，不同文化背景的人际交往与互动。即不同文化背景的人之间通过合作和协商来建构意义的象征性过程。第二，信息的编码、译码由来自不同语境的个体或群体进行的传播。在这类定义中，文化是通过象征符号的编码来传播的，传播双方信息编码一致时，称为同文化传播；相反，传播双方的信息编码不同时，称为跨文化传播。第三，由于参与传播的双方符号系统存在差异，传播因而成为一种符号的交换过程。根据这一定义，不同的文化形态在交流过程中，因为符号系统的差异，导致文化交流效果受到影响。特别是在跨文化传播过程中，差异化的文化形态或文化群体的文化差异变大时，双方的文化交流容易产生疑虑或误解；相反，差异化的文化形态或文化群体存在的文化共性越多，则在双方文化交流的过程中产生的文化挫折或误解会减少。因此，一般意义上讲，跨文化传播就是指不同的文化形态之间，以及处在不同文化背景下的传播受体之间的文化交流与文化交际活动。这个交流与互动的过程体现出了不同文化传播受体之间的文化信息传通与文化交往行为，跨文化的传播就是不同文化形态之中的文化要素在全球范围内的交流、渗透、碰撞、转换、共享的过程，这些行为和过程对世界上不同的国家、民族、群体乃至整个人类社会都产生了文化上的影响。就对外文化传播而言，跨文化传播方式对于中华文化走向世界最大的意义就是其传播模式的可操作性，即在传统的传播模式及其相关因素中增加了跨文化的内容，大大拓展了该领域的广度和深度。

（四）跨文化传播的基本路径

传播的路径研究是跨文化传播理论研究的重点问题，目前，学术界关于这一研究话题的学术观点较多，对跨文化传播的路径和方式做了大量的归纳分析。在已有理论成果的基础上，本文主要分析跨文化传播的媒介、方式和途径。跨文化传播是不同文化形态之间文化信息的交流、沟通与融会的过程。在常规条件下，跨文化传播的过程是传播主体与传播客体互动的过程，即传播主体不一味输出信息，传播客体也不是完全被动地接受信息，两者之间是动态的、互动的和相互影响、交互作用的。传播主体与传播受众之间的互动和相互影响是靠媒介传递信息来完成的。

首先，跨文化传播的媒介。媒介是跨文化传播的方式、手段和工具的具体化。在跨文化传播的过程中，所有文化信息都要通过传播媒介来进行传递，根据所传播文化信息的要求，需要一种或几种媒介作为传播载体。随着科学技术的发展，人可以利用的传播文化信息的媒介越来越多，在当前，跨文化传播研究的重点，除了传统的传播内容以外，还有各文化形态的传输媒介形态研究，以及不同文化、国家对媒介的运用方式和偏好。一般来说，媒介可分为印刷媒介和电子媒介。印刷媒介主要指报纸、杂志、图书及其他图文印刷制品等，在人类文化传播史上，印刷媒介出现较早，它使语言、文字由声音交际变成印刷品，从而使得传播范围更加广阔、传播的时间更加持久；电子媒介是近代科学技术诞生后的产物，传输的方式基于电子信息的转化，主要包括电话、电报、广播、电影、电视、传真等，随着互联网技术的成熟和普及，又把传播媒介推向更高层次的新媒体阶段。而广义上的传播媒介也可以是传播工具和传播手段。比如，多媒体终端设备（或称智能手机）等即为传播工具；如教育、交流平台、文化中介、文化营销方式、学术交流机制、国外非政府组织、国际友人、海外留学生、外籍华人等都可以作为跨文化传播的载体和媒介手段。

其次，跨文化传播的方式。跨文化传播理论表明，依据跨文化传播不同的过程，跨文化传播的方式表现出来也不尽相同。通常主要有三种典型的传播方式，分别是直接传播、媒介传播和激起传播。一是直接传播。直接传播在跨文化传播过程中居于基础地位，是出现最早、存在时间最长、使用最普遍的文化传播形式，直接传播的典型特征是它的单向性，即指传播实施者与传播接受者按着顺序，递进式、逐次传播。二是媒介传播。媒介传播是指两种或两种以上文化不是直接交往，而是通过第三方媒介交流文化信息和文化要素的传播方式。三是激起传播。激起传播是指一方的传播主体所拥有的某项文化知识或掌握的某种文化技能，刺激了另一传播主体的灵感，从而使得对方在研究此主体知识和技能中得到启发，相应地发明了相同或相近的文化实物，或者拓展了自己已有的与前者相似的文化因素和激发了新的文化成分的产生，比如中国陶瓷技术的传播，体现了激起传播的特点。早在16世纪开始，欧洲国家就从中国进口瓷器，18世纪，德国人在不掌握制造瓷器技术的情况下，发现了制造瓷器的原材料，进而发明了不同于传统中国的制造陶瓷的技术。

最后，跨文化传播的途径。跨文化传播的途径多种多样，我国学者金鸣娟的观点最具代表性，她把跨文化传播的途径概括为三种，分别是自然式跨文化传播、强迫式跨文化传播和交流式跨文化传播。自然式跨文化传播是指由于自然和生存环境的变化，引起了人类向新的地方迁徙和流动而形成的一种文化传播方式。强迫式跨文化传播，主要是指用武力手段和强制政策，强迫一些国家和地区接受自己的文化。比如，历史上的侵略、殖民统治体现了强迫式跨文化传播的特点。交流式跨文化传播，主要是指不同国家和地区在加强理解、共同促进发展的前提下，彼此之间互相介绍和推广自己的文化。交流式跨文化传播是人类文明发展到一定阶段的产物，是一种积极、主动、文明的跨文化传播方式，也是传播样式和种类最多的跨文化传播方式。其中最为典型的方式有：对外贸易传播（如中国历史上的"丝绸之路""香料之路"等）、宗教传播（如早期佛教在中国的传播）、学术传播（国际上的学术论坛、学术交流会、学术研讨会等），另外还有体育传播、旅游传播、文化艺术传播等。

（五）跨文化传播的价值

跨文化传播是人类社会整体传播活动的重要组成部分，是人与人之间、群体与群体之间、民族与民族之间、国家与国家之间必不可少的交流活动。跨文化传播维系了社会结构和社会系统的动态平衡，把处在不同地区、不同群体、不同民族、不同国家的人"联结"起来，促进了世界文化的发展，从而人类文化具有了"世界性"的特征。可以说，跨文化传播促进了人类文化的进化和世界文明的形成。

1. 跨文化传播增进不同文化背景主体间的交流与沟通

著名传播学理论的先驱哈罗德·拉斯韦尔曾经较早地对传播的功能进行概括，他认为传播的功能主要表现在三个方面：一是监视或者提供与环境相关的信息，即准确、客观地反映现实社会的真实情况，重现周围世界的本来面目，以及有关事实的重要发展；二是协调社会各部分的关系，把各个社会环节、社会因素整合为有机整体，以应付环境、条件的变化和挑战；三是稳定社会文化遗产的代际传播。由此，我们研究的跨文化的传播功能也与这三方面相似。结合上述分析，所谓跨文化传播的功能主要就是协调各部分之间的关系，传递文化，直接表现为不同文化背景主体间的交流与沟通。世界上任何一个文化主体或个体都不是游离于社会体系之外的，相互之间都保有一定程度的联系，而这种联系又需要一些中介作为沟通的桥梁，跨文化传播就是这个沟通的平台。跨文化传播能够为不同文化背景的文化主体或个体实现文化上的融通需求，扮演了不可替代的桥梁与纽带作用，这也是跨文化传播社会功能的体现。

2. 跨文化传播有助于形成文化对外软实力

文化是我国对外传播的重要内容，也是争取国际话语权、维护我国文化安全的重要资源。文化与传播之间有着密切的联系，一定意义上讲，传播促成文化整合、文化增殖、文化积淀、文化分层和文化变迁，传播对文化的影响不仅是持续而深远的，而且是广泛而普遍的。在当今的国际形势之下，中国积淀的几千年文化精华不仅是中国发展的内在动力，也是中国走向世界的重要路径选择。如何让中国的优势文化资源转化为文化的影响力和吸引力？对外文化传播是最为便捷的途径。对外文化传播是以海外民众为传播对象、以文化为主要传播内容的一种传播活动。对外文化传播既是我国对外传播的重要组成部分，也是我国对外投射软实力、提升国际影响力的重要方式。随着国际形势的变化，文化正和政治、军事以及经济等一样，成为世界主要国家角逐的领域。与此同时，国际文化传播对于一国在政治、军事和经济领域的竞争起到补充和支撑的作用。明安香认为，文化或者准确地说是文化传播，既是一种软实力，也是一种硬实力。因此，如何更好地开发利用中国文化并有效地对外传播具有重要的意义。我国对于文化在对外传播中的作用也有一个逐渐深化和清晰的认知过程。改革开放以来，我国在坚持以我为主的同时，加强了对海外中国文化的传播，让受众在了解中国文化中接受和平崛起的中国形象。

3. 跨文化传播推动文化在世界范围内的交流与进步

跨文化传播的产生过程是和人类社会的发展过程相伴随的，人类社会文化的发展、文明的进步得到跨文化传播的促进。自人类早期社会之始，不同文化就走上了一个传播、交融的聚合历程，经由跨文化传播的滋养，世界文化史成为不同文化之间传播、碰撞、融合的历史。罗素指出，不同文明的接触，常常是人类进步的里程碑。希腊学习埃及，罗马学习希腊，阿拉伯学习罗马，文艺复兴时期的欧洲学习东罗马帝国。当代阿拉伯文化与中近东文化都在不同程度上受到了来自古希腊与罗马的文化、拜占庭与波斯萨珊王朝的文化、中世纪以及现代欧洲文化和当代美国文化的影响。中国文化的历史发展过程也是如此。中国自汉代起就保持着与印度、阿拉伯乃至欧洲文化的频繁对话，尤其是中印之间的佛教文化交流，深刻影响了中国文化的深层结构和文化传统的演进。杜维明就此指出："如果没有印度文化和中国文化的沟通，儒学就不可能发展成宋明理学。没有希腊文明和印度文明的沟通，也不会发展出多元多样的中世纪文明。"① 跨文化传播把人类文明的基因传播到世界各地，将生活在不同文化背景下的国家、民族和地区的民众通过文化纽带联结起来，文化上互相学习、取长补短，在相互交融中得到发展和提高，人类社会的文明从低级到高级的发展，跨文化传播功不可没。所以，人类文明的进化程度和跨文化传播直接相关，跨文化传播是推动世界文明共同体构建的促动力。

总之，在当前文化全球化背景下，中国文化走向世界与世界其他国家民族文化展开交流与对话，已成为时代发展的新要求、新趋势，不同文明的接触，以往常常成为人类进步的里程碑，这对于当代中国来讲更是如此。面对时代发展带来的全新且严峻的挑战，我们唯有选择积极应对。在保护民族文化以及增强中国文化主体性意识的基础上以从容开放的心态迎接曲折复杂的对外文化交往新局势。在世界文化纷纷走进中国的同时，中华文化也要满怀自信、大踏步地走向世界。在此意义上，人类文化交往应当是在逐步文明化的现实进程中走向最终成熟，跨文化传播的实践活动正在人类社会生活的现实中演绎着，并一直在不断的变动与深入。正如庄子《秋水》中说，"计人之所知，不若其所不知；其生之时，不若未生之时；以其至小，求穷其至大之域，是故迷乱而不能自得也！"对人类文化传播实践的把握相对于其不断变动的未来来讲，还远不足以解除复杂现实中的种种困惑，在中华文化对外传播的实践活动中我们难以把握的未知领域和困惑还有很多，所以，本文选择跨文化传播研究视角，也只是提供了一种研究中华文化对外传播的思路与参考。

---

① ［美］杜维明：《新轴心时代的对话文明》，关世杰主编：《世界文化的东亚视角》，北京大学出版社，2007 年版，第 5 页。

第二章

跨文化传播视阈下中华文化对外 传播的基本目标

中华文化对外传播是与我国对外开放相伴随的产物，且我国对外开放越深入，中华文化走向世界越迫切。研究中华文化对外传播，首先必须廓清中华文化对外传播的概念，克劳塞维茨在《战争论》一书中曾经这样写道，"任何理论只有对名称和概念有了共同的理解，才可以清楚而顺利地研究问题，如果不精确确定它们的概念，就不可能透彻地理解它们之间内在的规律和相互联系"。① 研究中华文化对外传播，须先界定中华文化对外传播的目标。

一、中华文化对外传播的目标

中华文化对外传播的目标非常明确，一是着眼于中国优秀传统文化的挖掘、传承和现代转换；二是着眼于当代中国核心价值观和当代中国精神的培育、塑造与传播；三是着眼于文化传播能力的提升和国际话语权的提高；四是着眼于维护国家文化安全、树立国家良好形象；五是着眼于促进世界文化繁荣和人类文明进步。

（一）中华文化对外传播目标确立的依据

随着现代社会的发展，文化与经济、政治已经相互交织在一起，而且对经济、政治的影响也越来越深刻，对人类社会发展的作用也越来越重要。所以"文化成了一种舞台，上面有多种多样的政治和意识形态势力彼此交锋。我们正在进入一个文化比任何时候都更重

---

① 克劳塞维茨：《战争论》（第 1 卷），解放军出版社，1986 年版，第 86 页。

要的时期。"① 与之相应，世界各国文化交流的速度、规模都在空前增长，与其早期形态相比，文化全球化时代的文化交流发生了质和量的巨大变化。文化全球化背景下跨文化传播具备了新的特征。

1. 国际舞台上文化的独特地位空前突出

在国际关系史上，以军事实力为核心的硬实力一直是国际政治斗争的主旋律。在世界历史上的大部分时期，决定对立双方战争成败的基本因素是：军事力量+军事战略+国民意志。过去，对一个大国的考验是其在战争中的实力。在这相当长的历史时期内，政治家们很少注意文化力量在国际竞争中的作用。即使文化偶也被运用于国际政治斗争中，国家争斗的"硝烟"中也弥漫着文化的较量，但正如汉斯·摩根索所言："文化帝国主义在现代所起的典型作用，是辅助其他方法。它软化敌人，为军事征服或经济渗透做准备。"文化常常是隐身于政治、军事力量的背后的，为国家"硬实力"起着呐喊助威的作用。冷战后，世界大国地位的获得不仅取决于该国所拥有的强大政治、经济和军事能力，也取决于该国拥有的强大文化软实力。后者不仅是国家综合国力的一个重要组成部分，而且也是国家政治、经济和军事战略资源能够得到充分组织和动员并发挥最佳效能的不可或缺的重要保障。"文化力量为国家的政治、经济、军事力量增添分量"。②

文化作为一种软力量，直接关系着一国的国际影响力、国际竞争力。特别是随着世界范围的文化交融、交锋的日益广泛，国际文化竞争不断显现，逐渐被推到国际政治舞台的中心。文化领域越来越成为政治斗争和意识形态较量的主阵地，文化的地位空前提高，其独立性也充分彰显出来。

2. 文化外交成为国际舞台上国家间文化交往的主要方式

当前国际文化舞台上，文化交流形式多种多样，典型的类型有三种：跨文化人际交流、跨文化组织交流和跨国家的文化交流。本文主要分析的是第三种交流形式，即跨国家的文化交流。跨国家的文化交流主要是指不同国家之间利用各种大众传媒进行的信息传播和交流活动。过去的文化交流多为种族之间的交流、民族之间的交流，是民间行为、自主行为，文化交流的目的单纯，带有很强的非政治性。冷战后，形势发生了重大变化。从某种程度上讲，"软实力"比"硬实力"更有优势，因为"软实力"总是容易让人内心折服。交流中的竞争，关乎意识形态主动权的得失，如果我们不能形成自己的文化优势，就无法在激烈的国际竞争中高扬社会主义文化理想，维护国家文化安全，捍卫国家文化主权。文化越来越成为国际舞台上国与国之间综合较量的筹码。哪个国家的文化成为国际社会的主流文化，哪个国家就有可能成为国际权力斗争的赢家，就将有可能掌握未来的世

---

① 司马云杰：《文化社会学》，山东人民出版社，1987年版，第163页。
② ［美］傅立民：《论实力——治国方略与外交艺术》，刘晓红译，清华大学出版社，2004年版，第13页。

界。于是，许多国家意识到运用文化战略去配合实现国家利益的重要性和有效性，开始把文化"软实力"这一新的权力源泉纳入到国家政治发展的战略轨道中来，并将其作为实现国家对内、对外目标的重要内容和手段。文化与政治的联系空前加强。美国著名社会学家罗兰·罗伯森曾经说过，在传播全球化的今天，所有的国际政治活动都是文化性的，我们处在一个全球范围内文化政治的时期，文化对于国际政治的重要影响愈来愈突出。政治与文化的结合与联姻，不仅成就了国家政权存在的合法性依据，奠定了国家权力统治的道义基础，同时也使文化交流从一般的交往行为上升到国家政治行为的战略层面上来，从而促成了所谓的"文化外交"。随着文化在国际交往中的地位迅速提升，文化外交正在成为国家、外交的重要内容。利用文化提高本国国际地位和影响力已成为世界各国，尤其是西方大国的一项战略选择。文化外交也由此成为世界文化交流的一项最主要形式。

在美国，文化外交是被当作美国外交的"第四维度"来看待的。"除了政治、经济、军事问题之外，教育和文化事务是现代国家外交政策的第四维度"①。在德国，文化外交被视为外交的"第三支柱"。1966 年，时任德国外交部部长的威廉·勃兰特首次明确指出，文化关系是除政治和贸易之外国际关系的"第三个层面"，文化应与政治和贸易一起并列为对外政策的"三大支柱"。而在法国，文化外交与政治和经济外交地位则被同等对待。法国前总统希拉克曾说："文化是与经济、环境和社会并列的可持续发展的第四大支柱。"就中国来说，对外文化工作越来越成为继经济、政治之后国家的支柱性工作。

3. 人类文化交流的范围已经全球化

文化的传播离不开传播工具，传播工具的每一次改进都促进着文化传播的广度和深度。在工业革命之前，人类的生产、生活活动限制在一定的区域，由于交通和通信发展水平的限制，人类之间的文化交往还没有实现世界化。18 世纪末期以来，商品的大量输出、交通与通信技术的不断革新与进步，使得不同文化间的交流距离大大缩短。不同文化体之间的联系日益广泛，有些甚至遍及全球。进入 20 世纪 90 年代以来，发达国家大都制订了信息高速公路计划，纷纷制定促进信息技术发展国家政策，信息传播技术的提高在文化全球化中的作用更为突出、效果更加显著，它不仅从根本上变革了通信工具和交流方式，而且在更大范围、更多领域，以更快捷的方式实现了不同文化的交流，开辟了文化传播与文化交流的新时代。同时还为文化交流在当代的进一步发展创造了有利的物质条件，借助互联网、信息高速公路、计算机等文化交融的新平台，人类得以冲破文化交流的时间限制和空间束缚，打破时空差距壁垒，越过民族国家的疆域、边界，在整个世界范围内全球性、全方位、立体化地进行自己的文化选择、文化传播与交流。也就是说，日益发展的信息技

---

① 参见张殿军：《当代中国对外文化交流战略》，天津人民出版社，2014 年版，第 77 页。

术革命使人类信息传播的全球化由梦想变成现实，它使信息发布和信息接受实现了双向意义上的全球化覆盖。

人类文化交流进入新媒体时代。加拿大学者马歇尔·麦克卢汉曾以传播工具的改进为标志把人类划分为口头传播时代、文字传播时代、电子传播时代三个不同的时期。与口头传播时代和文字传播时代不同的是，以互联网为标志的电子传播时代，文化交流的时空距离被极大地压缩了，世界连成了一体，人们通过网络实现了信息的交流与共享。在这个无国界、跨种族的空间里，借助于计算机网络媒介等强有力的技术平台，人们就可以和陌生人实现文化信息的无间断交流与传递。而这在以往，国际间的文化互动主要是通过面对面的直接交流来完成的。对这一文化景观，蒂姆·奥沙利文（Tim. O'sullivan）是这样评价的："这一进程的核心在于传播技术和媒介网络的出现，它们使世界范围的交易、旅行与互动变得更快、更密集、更相互依赖。"总之，信息和通信技术的发展对文化的最重大的影响就是，它不仅压缩了文化交流的时空距离，还改变了文化交流和传播的方式，使不同地域的人们在精神生活和文化生活方面实现了前所未有的全球互联与沟通，世界性的文化互动与沟通得到广泛的传播。

4. 不同文化间的融合与冲突日趋增强

文化是对话，是交流思想和经验，是对其他价值观念和传统的鉴赏。文化的全球化的功能显而易见，对传播主体的文化能力有质的促进。针对文化传播主体来说，提升了文化传播主体的认知层次，开拓了文化传播主体的视域，使文化传播主体摆脱纯粹民族性的狭隘和地域空间的限制，站在更高的立场上，以开放的心胸吸纳、消化来自不同国家的文化元素。人类文化的不断丰富与发展是通过文化的交往实现的，而交往的过程必然伴随着文化的冲突与融合。文化的冲突与融合是一对矛盾，它们的关系是辩证统一的，从文化发展的规律来看，正是它们之间的对立与统一推动了人类文明的进步。关于文化冲突，塞缪尔·亨廷顿在《文明的冲突》一书中说："新世界冲突主要根源不再来自意识形态或经济因素，将来自不同文明的差异，未来的世界格局在很大程度上将取决于世界上有代表性的七八种文明的相互作用，它们分别是西方文明、儒家文明、日本文明、伊斯兰文明、印度文明、斯拉夫东正教文明、拉丁美洲文明，可能还有非洲文明。"当前，世界文化格局、文化形势并不稳定，以美国为首的西方国家推进文化霸权主义，后发民族国家有的也开始推行文化保护主义，文化上的冲突与碰撞将会继续维持，在相当长的历史时期内难以改观。文化冲突是在文化交往全球化背景下多元文化交流、互动的逻辑演进的必然现象。当今世界的文化矛盾与冲突是全球性的。从时间维度上看，主要表现为传统文化与现代文化的矛盾；从空间维度上讲，主要表现为不同民族、国家、文化生态之间的冲突。"把对本民族国家的文化认同作为维护自己民族存在的武器，对外来文化采取排斥的态度，而对自己的文化加以保护，视之为自己生存的象征"。文化的碰撞与共存是世界文化发展过程中互为条件的两个方面，构成了文化全球化进程中的两道主要风景线。

综上所述，我们所生活的世界正在经历文化价值观的碰撞和文化软实力的竞争。在这样一个时代，作为正在融入世界体系的社会主义发展中大国，中国更应重视利用对外文化交流来建设国家的文化软实力。只有这样，才能在文化日趋开放的经济全球化时代，以更加有效的方式推动中华文化走向世界，提升中国文化的国际地位和影响力。

（二）中华文化对外传播目标的确立

国家文化对外传播目标的确立是指一个主权国家根据对国际形势和敌对双方政治、军事、经济、科技、地理等诸因素的分析判断，为了在国际文化交往中传播、发展自身的文化软实力而制定的对外文化互动所遵循的原则、目标、方法和策略。国家文化对外传播目标是一个主权国家根据战略形势和国家利益的需要，在实施对外文化传播战略行动中所要达到的预期结果。同此，具有鲜明的政治目标，是战略的基本要求，也是一个国家战略的灵魂。失去了目标，也就失去了方向，丢失了魂魄。战略目标是国家制定和实施战略的出发点和归宿。虽然国家的战略目标的最终归宿都是指向国家利益，但是在宏大的目标之下，不同性质的国家其战略的目的还是有所不同。就对外文化交流战略而言，任何主权国家的对外文化活动都兼有文化的意识形态和市场商品的属性，因此也决定了对外文化交流战略都包含有获取经济效益和社会效益的目的。就前者来说，主要是通过文化产品和服务的输出，更多地占有国外市场份额，即通过获取市场影响力，进而获得商业利益。就后者而言，主要是通过文化交流和传播的内容影响国外受众的心理、思想、情感和行为，这主要是一种社会影响力。也就是说，通过文化交流将本国的"私有观念"提升和转化为国际社会所广泛接受和认同的"共有观念"，从而引导和规范相关国家确立其国家身份，最终达到在文化观念上影响和控制目标国的目的。但是具体到不同的国家，其具体表现形式又有所不同。

中国文化对外传播的最终目标，是有效增进国外普通民众对中国式现代化建设所取得成就的了解，减少因外国媒体过多错误报道中国对国外民众造成的对中国的误解和偏见，满足国外民众了解真实中国的愿望，提升国外民众对中国的悦纳程度，改善中国在国际舞台上的形象，创造良好的整体外部环境，为中国经济社会的稳定发展奠定基础。英格丽·德·胡克（Ingrid d'Hooghe）曾经深入地研究了中国文化对外传播的目的，在她的研究成果中详细地指出，中国文化对外传播主要服务于四大目标：一是中国希望被看成是爱好和平的国家，以此寻求国际社会对其政治制度和政策的理解和认可；二是中国希望被视为一个稳定的、可靠的和负责任的经济合作伙伴，一个正在崛起而没有威胁的经济强国；三是希望中国被视为一个值得信赖和负责任、能够并愿意为国际和平做出积极贡献的国际社会成员；四是中国希望其作为一个古老而充满活力的文化大国而得到国际社会的承认和尊重。胡克的概括比较全面，基本上阐释了中国文化对外传播的本质和目标。由此，中国文化对外传播的实质可以概括为三个层面：一是中华民族优秀传统文化在世界范围内的传播并为世界文化做出贡献；二是提升中国文化的影响力；三是通过文化产品走出国门提高综合国力。中国文化对外传播的目标从整体上也可以概括为这样几个层次：中国文化对外传播，是为了更好地宣传中华民族的精神、美德、和谐价值观，向世界表达中国人爱好和平的愿望并为之付出的努力；中国文化对外传播，是为了更好地宣传中国，全面地宣传中国人民的意愿和思想，全面地宣传中国人民的情操、感情和态度，让国外民众从整体上全面认识、了解中国；中国文化对外传播，使中国文化"走出去"与异质文化更好地进行交流，在交流的过程中，中国文化学到了世界文化的好的精神，丰富了中国的文化，与此同时，部分中国文化被他国文化所吸收，为他国文化的丰富与发展做出贡献，实际上也是为世界文化的发展与创新做出贡献；通过文化交流，建立互信，增进友谊，从而促进其他方面的友好往来。通过文化交流，在全世界广交朋友，不断扩大中国在全世界的朋友圈，朋友多了，也就是扩大了对中国支持的力量，同时，对海外华人也是极好的鼓舞与支持，有利于发挥他们的积极性，有利于壮大为中国社会发展服务的力量；促进中华文化在世界上主流国家和地区享有较高的知名度，增强在国际舞台上的国家文化话语权，使中国国际地位不断提升。

二、实现中华文化对外传播的内容选择

拿破仑说过："世上只有两种力量：利剑和思想。从长远看，利剑总是败给思想。"富有感召力的文化价值观念往往能触及人的灵魂，因此，要在世界文化交流中不断提高、扩大中华民族的世界文化影响力，就必须大力挖掘中国传统文化，发掘文化优势。一个国家的文化体系，取决于这个国家传统文化的积淀与传承，也决定于文化时代精神的丰富与补充。传统思想是一种反映民族特质和风貌的民族文化思想，是民族历史上各种文化、观念形态的总体表征。民族的传统文化不仅在历史上形成民族文化，同时还作为民族文化的基础不断影响民族文化的发展走向。就如马克思主义创始人所言："人们自己创造自己的历史，他们并不是随心所欲地创造，并不是在他们自己选定的条件下创造，而在直接碰到的、既定的、从过去承继下来的条件下创造。"[①] 中华文化对外传播在文化内容选择上，首先应立足于传统文化，挖掘传统文化资源，在此基础上，再选择社会主义现代化新文化。

---

① 《马克思恩格斯全集》（第 8 卷），人民出版社，1979 年版，第 121 页。

(一) 文化对外传播战略的基本内涵

战略是一国发展的核心问题,文化发展战略是国家发展战略的关键组成部分,中国文化对外传播战略就是我国整体发展战略的重要组成部分,文化对外传播战略的基本形式是通过与国外文化的传播、交流、贸易等方式,把中国文化传播出去,在国际上提高中国文化的认同度和知名度,增强文化的国际影响力,进一步提升当代中国的文化软实力。关于中国文化对外传播战略的基本内涵,可以从内容与形式两个基本维度加以概括。就内容而言,文化可分为物质文化、制度行为文化和精神心理文化三个层面,其具体内容又可概括为三个方面:中国优秀的传统文化和先进的现代文化、当代中国社会建设经验,以及中国社会主义核心价值体系。内涵丰富、品类众多的中华文化是中国人民智慧与汗水的结晶,是全人类的财富,是当今多元世界不可或缺的重要组成,当代中国人有责任也有义务以符合时代要求的方式与世界人民分享我中华文化,并在此过程中将之传承光大。就形式而言,文化走向世界包括文化宣传、文化交流、文化贸易和文化外交,所以,中国对外文化工作已形成文化宣传、文化交流、文化贸易、和文化外交四大工作领域,构建起了全方位、多层次、宽领域、多渠道的工作格局。

首先,关于文化宣传。从文化走向世界的角度分析文化宣传,是一个内涵丰富,具有极大的包容度与吸纳力的概念,包括对外文化宣传和对外文化报道。对外文化宣传主要指中国官方对其他国家和地区开展的信息传播交流或思想信仰的阐释说服;对外文化报道特指通过大众传播媒介传播新闻、思想、观点等信息。传播学奠基人拉斯韦尔认为:"宣传关注的是通过直接操纵社会暗示,而不是通过社会环境中或有机体中的其他条件,来控制公众舆论和态度。"表明宣传的本质在于使受众包括思想、信仰在内的态度向传者的立场转化。我国著名学者赵启正认为,在中国基本情况的对外宣传方面,要精选我们最想告诉外国人和外国人最关心的内容;在时政新闻的对外报道方面要提高时效,尤其是突发事件的报道;在热点问题的对外介绍和解释方面,要加强针对性和说理性。对于我国的文化宣传而言,对外文化宣传和对外文化传播经常是重叠的,是一个问题的两个方面,或者合二为一的一个大领域,如果一定要加以区分,两者之间的唯一区别就是:对外文化宣传强调主观,强调以我为主,强调旗帜鲜明的立场、观点和看法;对外文化传播则更强调客观、中立,相对回避宣传和教育的味道,强调信息与服务的客观性与中立性。对外文化传播表明的是传受双方平等共享,对外文化宣传的根本目的是要说服受众改变立场。从中国文化对外传播的整体上看,不应简单地把二者硬性拆开,宣传中有传播,传播中也有宣传。中国目前应更多强调按照国际惯例和对象国受众习惯,尽可能地遵循国际惯例和观众习惯,有针对性地进行选题的组织,尤其是报道方法的贴近性与亲切感,提升中国对外报道的公信力和权威度。

其次，关于文化交流。文化交流是指行为主体之间的文化来往活动，典型的文化交流发生在文化源差异显著的行为体，特别是处在不同文化圈的国家和地区之间。文化交流促进不同文化类型之间的相互借鉴、吸收、互通有无，促进彼此的丰富和发展。在文化交流方面，21世纪以来，除了双边合作机制，还出现了中欧、中阿、中非、上合等多边人文合作机制。政府支持的交流项目也突破了传统的政府团、演出团和展览团这"老三样"，出现了部长论坛、文化政策圆桌会议、艺术家作家客座创作等形式，丰富了文化交流的形式和内涵。

再次，关于文化贸易。在全球贸易格局中，文化贸易的比例和影响越来越突出，特别是在全球服务贸易竞争中，文化贸易已成为最重要的竞争领域之一。一般意义上讲，文化贸易是指在国际上，国与国之间文化产品和文化服务的进口和出口的贸易方式，即贸易的双方之间一方向另一方提供文化产品和文化服务并获得收入的过程。对双方来说，就是对其中一方是文化产品和文化服务的出口或文化产品和文化服务输出，对另外一方就是文化产品和文化服务进口或文化产品和文化服务输入。现在，文化贸易已成为文化传播的主要形式之一。

最后，关于文化外交。文化外交是一国政府所从事的对外文化关系的总和，是以主权国家为主体的对外行使主权的官方文化关系。具体来说，文化外交就是以文化传播、文化交流与文化沟通为主要内容所展开的外交，是主权国家利用文化手段达到特定政治目的或对外战略意图的一种外交活动。文化外交的最大特点是使用"和平手段"实施对外交往，最能体现"使用交涉、谈判和其他和平方式对外行使主权"的外交特点，这些和平之上的"和平方式"使文化外交成为"外交中的外交"。

综上，文化外交、文化交流、文化宣传和文化贸易的目的都是为了在国际舞台上塑造和提升本国的正面形象、维护国家利益、宣扬国家立场、传播本国意识形态、介绍本国历史文化传统和社会进步，争取和扩大外部世界对本国的认识、友谊、理解、同情与支持。另外，按中华文化对外传播的实施主体来分，可以将中华文化对外传播概括为政府主导行为、市场主导行为以及民间组织行为。政府主导的中华文化对外传播，一般具有强大的文化影响力即体现"规模效应"。例如，由我党和国家领导人亲自确定和支持的"文化年""中国文化节"和国际文化高层论坛等文化外宣交流活动，均以国家大文化的视角诠释中国为特点，反映中华民族精神，其决策层次高、时间跨度大、交流领域广、覆盖面积大、内容主题突出、合作程度深等方面都集中体现了政府主导的规模效应。而企业主导的中华文化对外传播行为，是以市场为基础的对外文化贸易，即今天我们逐步熟识的文化产业国际推广形态，就是中国文化商品的出口和对外输出。最后，民间组织的对外文化交流活动，是政府主导和企业市场行为之外的中国文化全球推广的重要形式。随着中华文化对外传播战略的实施与深化，在政府的积极支持下此类形式也在日渐增多与丰富。一些旅居海外且热心推介中华民族文化的华人、华侨、留学生组织心系祖国，积极为民间文化交流活动牵线搭桥、出资出力。

（二）具有丰富价值内涵的中华优秀传统文化

中华传统文化具有自身特定的价值系统、思维方式、社会心理和审美情趣，和其他文化形态，特别是和西方文化形态相比，有其自身独特的普适价值内涵。

1. 天人合一的整体观念

在人与天的关系上，中国的古圣先贤认为：天、地、人和物之间是相互统一的，彼此之间存在着必然联系，人与宇宙万物浑然为一体，与天地同流，是一荣俱荣、一损俱损的关系。"人与万物皆生于仁，本是一体。故人一下生来便能爱，便是亲亲，由亲亲而推之便能仁民，由仁民而推之便是爱物。故仁者以天地万物为一体。天地以生物为心，人亦以生物为心，本来的心便是仁，本来的人便是仁。"强调天人协调，顺应而不是违背自然规律，认为"天地和合，生之大经也"。所以要"与天地合其德，与日月合其明，与四时合其序，与鬼神合其吉凶"。总之，"和合"文化追求人类社会与自然"天人合一"的生态和谐境界。

2. 自强不息的进取精神

中国古代传统文化经典中包含着丰富的自强不息、刚健有为的进取精神。《周易》中有"天行健，君子以自强不息"。孔子亦主张"三军可夺帅也，匹夫不可夺志也"。孟子提倡舍生取义的精神。这其中包含着中华民族仁人志士的积极进取、道义担当与不屈不挠。这些都成为中华民族的普遍心理认同，磨砺了中华民族生生不息的自强精神。

3. 和合中庸的和谐思想

中国古代传统文化的核心内核是"和合"与"中庸"思想。"和合"强调"和而不同"与多元共存，崇尚"和为贵"；"中庸"强调不偏不倚、过犹不及，遵循"己所不欲、勿施于人"的做人原则。这些思想塑造了中华民族的民族精神与民族气质，造就了中华文化源远流长的繁荣和中华民族生生不息的生命力。所以主张不同的文化都应以博大宽广的心胸，以有容乃大的气魄对待他文化，"夫和实生物，同则不继。以他平他谓之和，故能丰长而物归之。若以同裨同，尽乃弃矣。"儒家代表人物孔子提出"君子和而不同，小人同而不和"。认为在"不同"的基础上相"和"，才能促使事物发展。而"同"泯灭了事物个性，不仅无法达到"和"的境界，反而会使事物走向衰败境地。因此，"和而不同"思想主张的是和谐而又不是绝对统一，虽然不同但又不产生冲突。另一方面，"和而不同"还主张对由于文化差异而产生冲突应通过不同文化间的平等对话和沟通来解决，在求同存异中达到"和"的目的。"和也者，天下之达道也，致中和，天地位焉，万物育焉。"因此"和而不同"的理念体现了中国传统文化中"兼容并包"的价值追求。

4. 民惟邦本的民本思想

中国传统文化高度重视人，《孝经》认为"天地之性人为贵"，人是天地间最有价值的。"民惟邦本，本固邦宁""天地之间，莫贵于人"。虽然先秦人将最高统治者均称为"天子""率土之滨，莫非王土"，但是在民与君的关系上，"天生民而树之君"，就是为了利民，君之"命"在"养民"，而不必计较个人"命"之长短，"利于民"也是"君之利"。孟子也说："民为贵，社稷次之，君为轻，是故得乎丘民为天子。"荀子也明确指出："天之生民，非为君也；天之立君，以为民也。"君主应以"天"为榜样，博爱无私，布施恩德和仁爱以厚待人民，反对横征暴敛。强调各级统治者要"躬行其实，以民为先"。（《朱子语类》）统治者要"节用而爱民""因民之利而利之"，以至"老者安之，少者怀之"，使百姓"仰足以事父母，俯足以畜妻子，乐岁终身饱，凶年免于死亡"。"民惟邦本"是强调以民为本，"恤民为德裕民、养民"，体现出的是鲜明的民本思想。

5. 天下大同的美好理想

中国传统文化在社会理想上追求"小康大同"。《诗经》中有"民亦劳止，汔可小康"的记载。在西汉《礼记·礼运》中详细描述了小康的思想，继而成为仅次于"大同"的理想社会的社会模式。由小康到大同体现了中国传统文化中理想社会发展的过程，追求的是从"大道既隐，天下为家"到"大道行也，天下为公"的理想社会状态。中国传统文化在人类理想的追求上有着极其丰富的内容和高超的智慧，"它以'观乎人文以化成天下'的把握世界的方式，突出了中国文化所特有的天人合一的宇宙观，重视天人关系和谐与现世人间性和人间秩序等重要内涵"。这些从长期历史发展传承下来的中国丰富的传统民族文化具有强大的生命力，它不仅从深层次上构成了中华民族心理发展和历史传承的要素和共有的精神家园，使我们民族在思维方式、价值取向、伦理观念、审美情趣等方面渐趋认同，成为中华民族强大的向心力和凝聚力所在，而且对维护世界和平，创造共同繁荣的世界文明秩序也有着极为重要的借鉴意义。另外，中国古代社会健全的人格规范可以概括为"仁、义、礼、智、信"五个字，所以中国古代社会处理人际关系、治理国家的基本理念即为"仁义"的观念。

（三）独具传播魅力的中国特色社会主义文化

从保存和保护文化多样性角度看，"越是民族的就越是世界的"。但从文化的国际竞争来说，除了考虑民族性外，更应考虑文化承载的价值观的普世性、先进性和时代性，毕竟，文化的输出不等于一般的商品出口。当前我国正在大力提倡和践行建设中国特色社会主义的共同理想、以爱国主义为核心的民族精神和以改革创新为特征的时代精神、社会主义荣辱观为主要内容的社会主义当代文化和以富强、民主、文明、和谐、自由、平等、公正、法治、爱国、敬业、诚信、友善为基本价值的核心价值观，其实不乏普世意义与当代世界共性价值观的内容，具有天然的优越性，我们必须大力提倡和传播。新中国成立特别是改革开放以来，中国共产党领导中国人民进行社会主义革命和建设的伟大实践中，积淀下了许多具有世界意义的思想文化理论和价值观念。[1]

一是和谐思想和和平外交政策。新中国成立以来，我国一直坚持和平外交政策，不结盟，不干涉他国内政，与世界各国友好相处。和平与发展是当今世界的两大主流，在当前国际冲突此起彼伏的背景下，中国的和平外交思想无疑为他国处理国际事务提供了一个可行的样本。世界需要和平，武力解决不了一切，唯有对话交流才能达成彼此间的谅解和合作。在当今世界霸权主义横行、各种冲突纷争不断上演的背景下，和平外交思想更具有特殊的现实意义。

二是改革开放的思想理论。自 1978 年中国实行改革开放以来，30 多年的生动实践表明，我们不仅创造了人类发展史上的奇迹，而且为当今世界解决经济社会发展难题提供了丰富的宝贵思想。我国改革开放是"民本"思想的生动实践，改革开放的目的是最大限度地提高人民的生活水平，这一点我们做到了；改革开放的依靠力量是人民，正是亿万人民积极性、创造性的发挥，才铸就了我国 30 多年的辉煌，我国的国运从未如今日之昌盛。我国改革开放是渐进性的，用改革开放总设计师邓小平的话来说是"摸着石头过河"，允许试，允许闯，出经验了就推广，错了就改回来，这正是辩证唯物主义认识论"实践出真知"的生动诠释。这种渐进性还体现在目标取向、操作层次上的稳步推进性，先从农村再到城市，先从经济领域再到社会、政治、文化领域，由表及里、由浅入深稳步推进，大大降低了改革的风险，避免了苏联和东欧国家"休克式"疗法的灾难。

三是反贫困理论与实践。反贫困是人类永恒的命题。我国改革开放是人类历史上罕见的反贫困实践，我们用短短 30 年时间就使 4 亿多的绝对贫困人口摆脱了贫困，使全体人民过上了全面小康的生活，并稳步地向全面小康迈进。在反贫困的实践中，我们摸索出了"输血"与"造血"相结合而重在"造血"，政府主导与农民主体相结合而以农民为主，市场运作、社会联动、项目推动以及"异地脱贫""产业脱贫""下山脱贫"等鲜活的反贫困经验，为人类反贫困贡献了宝贵的思想财富，非洲不少不发达国家纷纷以中国为样本展开了反贫困实践。凡此种种，都是我们可以引以为自豪，并值得向全世界大力传播的现代思想文化、价值观念。

三、实现中华文化对外传播的目标价值

当前，国际上综合国力竞争日趋激烈，文化在综合国力竞争中扮演着越来越重要的角

---

① 章文君：《中国文化的当代意义与世界走向》，中国社会科学出版社，2012 年版，第 190 页。

色。我国要在激烈的国际竞争中立于不败之地，实现中华民族的伟大复兴，必须把提升对外文化交流能力作为一项重要战略任务。对外文化交流能力的提升还可以激发全民族的文化自信，提高我国的国际文化软实力，促进国外民众更全面、客观地理解中国文化，推动中华文化对外传播目标的实现，这对我国经济社会发展创造良好的外部环境有着积极的现实意义。

（一）有助于激发我国民众的文化自信

交流是对自身的了解过程，因此，在文化的交流过程中，一些文化更为关注自身，花更多的精力去观察自身。对外文化交流可以激起国内民众对中华文化的自信。首先，在对外文化交流过程中，不同层次的对外文化交流工作者都有广泛学习和深入研究中国文化的需要，因为，在国际层面要增强我国文化的传播效果，对外文化交流工作者必须深入地认识与理解中华文化，选择符合现代社会需要的文化内容。同时，对外文化传播效果的提升，会促使中华文化在国际上的影响力大大提高，国际上的"中国文化热"必将带动国内民众对本民族文化的自信心和自豪感，这种动力会激发国民内心深处的对本民族文化的热爱，赞美中国文化、宣传中国文化将成为国内民众的自发行为，其在文化传播上的意义和价值是不言而喻的。其次，在文化全球化发展进程中，优秀民族文化受到西方强势文化的侵蚀，引发一系列的民族文化危机，这种西方"强势文化""霸权文化"会给我国文化带来一系列的挑战和侵蚀，增加我国文化事业发展壮大以及向外传播的障碍和难度，对引起国民对本国文化的忧患意识起到重要的警醒作用，对本民族文化的忧患意识会自发转换成参与国家文化建设的社会责任感，推动中华文化对外传播的发展。

（二）有助于国外更全面地理解中国文化

跨文化交流理论表明，双向交流、互动借鉴是世界不同文化之间融合共生的有效途径。中国欲走向世界，首先得让文化走向世界，让世界更好地理解中华文化，积极参与国际文化交流，利用国际舞台传播中国文化。特别是在国外大肆传播"中国威胁论"情况下，加强对外文化交流，推动中华文化传向世界，让国外民众了解中国文化的核心价值观念，向国外解释、说明中国，已显得更有必要和有意义。展示自身文化博大精深，宣传中华文化的"和合"本质，向世界说明中华民族是一个以"和为贵"的民族，"家和万事兴""和平共处""和谐""和谐社会""和谐世界"是我们的价值追求，以"和"的思想，消除西方世界对中国的误解。哈贝马斯认为："不同文化类型应当超越各自传统的生活形式的基本价值局限，作为平等的对话伙伴相互尊重，并在一种和谐友好的气氛中消除误解，摒弃成见，以便共同探讨对于人类和世纪的未来有关的重大问题，寻找解决问题的途径。"① 通过对外文化交流，向国际社会展示我国的文化精神，努力搭建以中国文化语境为背景的国际文化交流平台，改变西方对中国的文化印象，消除文化理解偏差。并依托自己民族的历史文化传统，通过各种渠道向国际社会传播中国的文化，使中国文化为国际社会所了解、所认同、所向往。

（三）有助于扩大中华文化的外部影响力

一个国家的文化影响力主要表现在他国民众对本国文化的认知和评价。跨文化交流学的观点认为，客观评价产生的前提是获取充分信息。世界文化多元化背景下，不同国家和民族文化只有在交流中增进了解，在合作中不断融合，才能实现创新发展。实质上，一国的对外文化交流就是让其他国家人民加深对本国认知的过程，并使他国人民对本国做出客观、合理进而对本国有利的心理评价。对外文化交流能力也是一国文化软实力的具体表现之一。对外文化交流可以将我国优秀文化信息及时、形象地传向世界，从而在时间和空间上拉近我国和其他国家的文化距离，有助于其他国家民众熟知和接受中华文化，提高中华文化的世界影响力。英国安东尼·帕伦斯爵士（Anthony Parons）曾指出：如果你十分熟悉别国的语言、文学，如果你了解和喜爱其国家、城市、艺术、人民，在其他因素相同或接近相同的情况下，你会本能地买她生产的产品，而不是买你不了解和喜欢的国家的产品；当认为她做得对时，你会积极地支持她；当她犯错误时，你会赞成尽量避免给予她过重的处罚。一个民族和国家文化的进步，离不开本民族和国家文化的健康传播。没有交流的文化系统是没有生命力的静态系统；断绝与外来文化信息交流的民族不可能是朝气蓬勃的民族。

中华文明是世界最古老的文明，加强对外文化交流，对外弘扬传播中华文化，提升中华文化实力，不仅可以扩大中华文化在世界影响力，也可提高中国在世界上的地位。中国文化对外传播扩大了中国文化传播层面，在世界范围内倡导维护和平、倡导共享发展，这样可以消除世界某些国家对中国崛起的抗拒和猜测，使我国获得在世界范围内应有的理解和信任。

---

① ［德］哈贝马斯：《从感性印象到象征表现》，中国社会科学出版社，1999年版，第57页。

 第三章

跨文化传播视阈下中华文化对外传播实施主体分析

　　党的十八届三中全会明确指出："提高文化的对外开放水平，坚持政府主导、企业主体、市场运作、社会参与，扩大对外文化交流，加强国际传播能力和对外话语体系建设，支持重点媒体面向国内国际发展。培育外向型文化企业，支持文化企业到境外开拓市场。鼓励民间社会组织参与对外文化交流项目。"可见，我国实施文化对外传播战略，是一个系统性工程，不仅需要依靠政府的组织，还需要调动企业、社会组织和民间个人等一切力量，调动各方面的积极性，形成文化走向世界过程中政府、企业、民间组织、个人等多主体共同参与的新格局。

一、中华文化对外传播的主体界定

　　根据传播学的理论，学术界有关国际传播主体的界定一般分为三类：一是国家主体说。国内外学者普遍认为，"在通过大众媒介的国际传播活动中，国家政府组织是主要的信息发出者之一"。二是多元主体说。"国际传播是指跨越两个或两个以上国家，或不同文化体系间的信息交流，信息交流是指个人、团体、政府通过各种手段转移信息及数据""国际传播是一个调查和研究个人、群体、政府（利用）技术（如何）传递价值观、观念、意见和信息的领域"。三是无主体表述，这类界定侧重于对国际传播现象的描述。总之，文化对外传播是一种综合性的系统工程，涉及各类社会主体，只有充分调动各个主体的积极性，形成合理的联动机制和合作关系，才能形成推动中华文化对外传播的合力。所以必须坚持政府主导、企业主体、市场运作、社会参与的文化走向世界的实施主体构架，积极采用和完善对外文化交流、对外文化传播、对外文化贸易的文化走出去方式。

（一）政府部门

政府的概念按照其职能划分，可以分为广义和狭义。一般意义上讲，广义政府指行使国家权力的全部机关，主要包括国家立法机关、国家司法机关和国家行政机关，其中立法机关负责制定法律，行政机关负责执行法律，司法机关负责运用法律审判案件。狭义的政府仅仅指国家的行政机关，即根据宪法和法律组建的、行使行政权力、执行行政职能、推行政务、管理国家公共事务的机关体系，是国家权力机关的执行机关。推动中华文化对外传播，必须充分发挥政府的引领作用。

（二）非政府组织

非政府组织，简单来说就是除官方机构以外的民间社会组织和团体的统称。社会团体作为非政府组织，在传播中国文化的过程中可以发挥独特的作用，相对于官方机构和组织的对外文化传播，民间社会组织和团体有其自身的独特优势，因为没有官方色彩，所以，不会被国外受众，特别是西方受众质疑和排斥，更容易被接受。非政府组织及其所从事和开展的活动成为文化交流的重要途径之一，非政府组织因其非营利性、公益性和志愿性等特点，通过慈善事业、扶贫项目、环保事业、教育培训等形式，在文化交流过程中对促进经济、社会的发展有重要作用。由于非政府组织的特殊优势，在推动中华文化对外传播过程中发挥着非常重要的作用。

（三）文化企业

文化企业是推动中华文化对外传播的中坚力量，由于文化企业的专业性，所以在实施对外文化传播过程中，其传播效益和效果往往高于其他实施主体。推动中华文化对外传播，政府是主导，文化企业是主体。文化企业承担着中国文化对外传播的重要任务，尤其是在提高中国文化产品和文化服务的国际影响力方面有着不可替代的重要作用。比如，俏佳人传媒是国内文化企业走向世界的成功榜样，俏佳人传媒于 2009 年 7 月并购美国国际卫视，成立了"美国 ICN 电视联播网"，ICN 电视联播网覆盖洛杉矶、纽约、旧金山、休斯敦、西雅图、奥斯汀、达拉斯以及加拿大温哥华、多伦多。中、英文全频道每周七天，每天二十四小时播出实时新闻、娱乐综艺、强档戏剧、教育文化、时事座谈、理财投资等节目，通过卫星、无线、有线、网络、手机五种介质同时传播，无线及有线电视直接可收视人群达 1 亿以上，卫星电视覆盖全北美，网络播出及手机台使全球网民和手机用户均可直接收看。俏佳人传媒是我国第一个进入美国公共收视平台的文化传媒企业，在我国对外文化传播史上有着里程碑意义。

由此，在推动中华文化对外传播过程中，政府应提高对文化企业的支持力度，充分发挥各层次民营文化企业在各个方面的优势，给予其政策、财力、信息、服务等全方位的支持，帮助其做大做强，将其培育成为推动中华文化对外传播的重要力量。

（四）文化界和学界知识分子

一国文化的对外传播，文化界和学界知识分子（文人和学者）担负着既特殊，又重要的角色，在我国文化界和学界知识分子（文人和学者）在推动中华文化对外传播的过程中同样有着特殊的意义。文人利用自己优秀的文化创作推动中华文化走出国门，与其他国家文化交流互动。学者利用对外学术交流推动中国文化走向世界。所以，要鼓励文人积极创作高质量文化作品，并助其走出国门；同时也要鼓励国内专家、学者参加各种国际学术会议，开展国际间的交流与合作，架构文化沟通的桥梁，努力在高端学术上拥有文化阐释权和话语权，让中国的文化诉求得到全世界的理解和认同。

（五）普通民众

公民面对面的交流在人类文明的早期就一直存在着。在文化全球化的今天，随着国际关系民主化进程的发展，公民个人参与国际事务的机会和能力大为增多，对世界事务的影响也越来越大。从参与人员上看，参与文化交流的不但有社会精英，还有普通大众；从交流的途径来看，不仅有海外留学、访学、学术交流，而且可以通过国外旅游、参加国际运动会等方式实现文化间的流通。此外，公民个人还可以通过网络发布文化信息、互通文化有无，实现不同文化间的交流。在全球经济文化一体化的今天，越来越多的各层次的普通民众参与到国家对外交流的潮流中来，在民间的文化、艺术和体育交流中，随处都可以见到他们活跃的身影。普通民众已发展成为日益重要的国际文化传播交流的文化力量。

二、传播主体推动中华文化对外传播的途径与方式

（一）政府层面

改革开放之后，随着我国文化步入世界文化潮流，中华文化对外传播已经成为我国文化发展的重要战略，政府的重视和支持是实现文化走出去的首要保障，政府在文化走出去中发挥着主导作用。我国政府层面的文化走出去主要是通过中央政府、各省级政府、各市级政府三个层面垂直领导、协调配合、有序实施。这是一种大部署、大计划、大协调的"大兵团作战"的方式。这是我国在目前国情下，实施文化走出去的最主要途径。政府层面文化走向世界的方式多种多样，主要的传播方式有综合性文化交流活动、文化艺术团出访演出、设立海外文化中心、举办展览、文化论坛、对外贸易基地等。

1. 综合性文化交流活动

综合性文化交流活动主要包括两个层面：一是国家层面的"中国文化年"；二是地方政府层面的文化月、文化周、文化节等活动。中外互办文化年已经成为对外文化交流的重要手段，中国文化年加深了各国人民对中国文化的认识，成为中华文化走向世界最为直接的方式。近年来，中国文化年在世界很多国家举行，随着中国经济实力和国际影响力的提高，越来越多的国家开始关注中国，比以往更加迫切想了解中国，举办中国文化年成了形势发展的迫切需要，中国文化年的举办，在很大程度上促进了我国文化、经济、政治、外交等方面的全面发展。"中国文化年"文化项目，以国家文化的大视角向全世界人民诠释了中华文化，淋漓尽致地反映出了中华民族精神和文化价值观，推动了中华文化对外传播。中国文化年的源头可以追溯到 2002 年 4 月中日韩三国政府共同主办的"中日韩文化交流年"系列活动，包括"中日文化年""中韩国民交流年"以及"中日韩人员交流年"等一系列活动，这是中国文化年的雏形。2003 年 10 月法国举办"中国文化年"。2004 年秋中国举办"法国文化年"。2006、2007 年中俄互办"文化年"。2010 年 10 月 7 日意大利"中国文化年"在罗马开幕。2011 年 6 月到 2012 年 6 月，我国在澳大利亚举行"中国文化年"。2011 年 11 月 23 日"中国文化年"在土耳其首都安卡拉开帷幕。2012 年 1 月 30 日在德国柏林举行了"中国文化年"的开幕式。"2015 中国文化聚焦"和南非"中国年"系列文化活动在中国国内和非洲 20 余个国家陆续开展，举办包括演出、展览、研讨会、电影周、人员交流在内的各类文化活动约 200 项。"文化聚焦"品牌活动涵盖多种文化领域；交流形式包括演出、展览、人员交流、研讨会、青年培训、电影周、电视剧播映、文化机构对口合作、文化专业人士客座创作等；每年项目均在 200 个左右，几年来基本覆盖了所有非洲国家和中国国内省市。2016 恰逢中埃两国建交 60 周年，双方在埃及举办"中国文化年"，在中国举办"埃及文化年"，以此来增进两国人民的传统友谊。中国和埃及均为世界文明古国，两国都拥有着悠久灿烂的古代文明和成果丰硕的现代文化艺术，2016 中埃文化年的举办为两个古老而又年轻的国家注入发展、合作的新活力、新动力，对中埃两国全面深化战略合作伙伴关系有着特殊而重要的意义。2017—2022 年，"中国文化年"都有开展，在对外文化传播与交流方面相比其他形式有明显的优势，"中国文化年"作为国家层面的文化走向世界的活动，部署层次最高、实施计划最宏大、财力物力最为充足、影响范围最广和更持久；"中国文化年"的活动是非常丰富和多元的，并不仅限在文化领域，还囊括了环保、科技、教育等其他领域的活动，更容易产生文化集群效应；我国政府秉持中央政府搭建平台，地方政府全力配合，各界广泛参与的公共外交思路，吸引国内外企业界、学术界和普通民众参与其中，使得其所波及的实体多、范围广。在中央政府在积极推广"中国文化年"的同时，各级地方政府也积极投身于与"中国文化年"相配套的文化月、文化周、文化节等文化交流活动中。使对外文化交流活动能有效地为地区经济贸易搭桥铺路，对外文化月、文化周、文化节等文化活动的举办，把地方文化、民间文化以政府推动的形式影响海外受众，宣传该地区优秀的文化艺术。其主要实施形式是地方政府与主办地政府合作（比如省与州之间、市与市之间等），并借助于海外华侨华人的力量，让丰富的中华文化内容直接走进国际主流社会的视野，融入世界主流文化的洪流中。

总之，政府层面的文化走出去相对于其他方式而言，由于政府决策层次高，更有利于调动我国的优势文化资源，最大限度地发挥文化聚集效应。这是我国政府在文化全球化背景下做出的重大文化国策，比其他任何形式所达到的交流领域更广、覆盖面积更大、主题立意更鲜明、合作程度更深、影响范围更远，更能体现国家文化对外传播的战略意图。

2. 文艺团体访问演出

文艺团体访问演出是世界上大多数国家普遍采用的文化交流形式，其最大的特点是普及性、艺术性、直观性，能在最短时间内拉近与国外受众的距离，让外国受众识懂该国文化，起到最佳的文化传播效果。在我国，文化艺术团出访演出是建国后发展起来的传统文化走出去的方式。这一方式能使我国的文化艺术直观地走入国外受众的视野。现场的动态演出相对其他静态传播方式更具魅力和互动性。文艺团体访问演出大体可以分为两种模式：一种最直接的方式是由政府直接派出艺术团到别国演出，作为文化外交手段之一；另一种是由政府引导的半官半民形式的文化艺术团出访演出。由政府直接派出艺术团演出一般在进行外事访问或举办大中型综合文化交流活动时采用。文化艺术团出访演出除了上述政府层面走出去的形式之外，还有由政府引导的半官半民的文化走出去，这种形式介于政府层面和非政府层面的文化走出去，是政府引导和扶持文化走出去的途径。

3. 国外举办展览

国外举办展览是最为直接的文化走出去方式，是新中国成立后发展起来的一种传统的、最为普遍的对外文化交流形式。几十年来，我国在世界上大多数国家都举办过各种层次、各种内容的展览，在文化传播技术欠发达的历史时期，起到了关键而重要的文化交流作用。一般情况下，大型的、综合性的文化展览，是由各省、自治区、直辖市、特别行政区及其贸促会为主承办。专业性的文化展览一般由各外贸总公司、商会、专业联合会为主承办。主要的展览形式是通过在国外出展文物、书画、艺术作品等，达到文化传播与交流的效果。随着我国走出去工程的不断推进，国外举办展览已经成为我国政府组织文化对外传播的重要手段，并通过举办展览取得了良好的文化宣传效果。

4. 文化论坛

文化论坛是中华文化对外传播的高端形式之一，一般来说，论坛的参与者大都是知识界和文化界的专家、学者和相关领域的社会精英，对带动中国文化的价值观、文化理念等高层次文化进入国外上层社会有着非常积极的意义。促进文化走出去的论坛，最典型的模式是中外文化论坛。通常是中外高层在求同存异中就相互关心的问题交换意见，交流经验并达成共识，主旨是交流、合作、发展、共赢。文化论坛是文化对外传播中的最佳对话机制之一，出席论坛多是中外文化高层次的专家、学者和艺术家，他们在自己的学术和艺术范围内具有相当的号召力和代表性，与会者的交流对促进诸国人民间的相互了解具有高屋建瓴的重要作用。通过论坛这类对话机制探讨文化艺术的发展方式，加深了彼此相互认知、认可的程度，深化了两国的文化交流与合作。

5. 海外中国文化中心

海外中国文化中心是我国政府主导的文化对外传播战略的重要组成部分。我国政府从2002年开始，先后在埃及、法国、马耳他等国设立中国文化中心。中国海外文化中心设立的目的是将其打造成开展日常文化活动、向驻在国提供全方位资讯的国家信息服务中心、推广和教授中国文化及其技能的国家培训中心、促进国内外文化机构和人才在多领域的深度交流及项目开发的联合研发基地。主要的文化推介形式有：与国内相关机构合作，通过举办演出、展览、文化节、影视周、图书节、旅游推介会、体育赛事、产品展示会，与驻在国开展图书、信息交流与合作，向公众提供中国信息咨询与服务，面向公众组织国家水准的语言文字、文化艺术、体育健身等培训项目，定期举办沙龙、研讨会和专题学术交流会，发展客座创作、联合制作等长期学术合作项目等专题性或综合性的文化活动，弘扬优秀传统文化，推介当代优秀艺术成果，推动中国文化产品、主流文化进入驻在国主流文化视野，进入驻在国社会生活和公众的情感世界，增进驻在国公众对中国文化作品、社会现象以及价值观的了解、理解和认同。

6. 设立对外文化贸易基地

建设国家对外文化贸易基地，对实施好国家对外文化传播战略、促进我国文化产品和服务走向世界具有重要意义。对外文化贸易基地在国家对外文化传播中起着创新示范区的良好带动作用，作为国家级文化贸易口岸、中国文化走出去的能力培养区和艺术品交易市场，以更便捷的形式支持中国文化产品走向世界。在当前新的国际形势下，世界主要国家都把设立对外文化贸易基地作为国家文化战略的重要一环。

（二）非政府组织层面的对外文化交流

我国文化走向世界是一个综合性的系统工程，既需要通过官方渠道，由政府部门主导进行推动，也需要通过民间渠道，由社会团体、社会组织等非政府组织力量来共同实施。随着我国改革开放的深入，越来越多的民间机构、企业、社会团体积极参与文化对外传播的相关活动，政府应该积极鼓励、引导、整合、支持文化企业、民间组织、社会团体等非政府组织在对外文化交流中发挥更大的效力。

当前，通过非政府组织实施对外文化交流已经成为国际文化交流的主要渠道。虽然政府在文化对外传播的过程中发挥了重要的主导作用，但是从国际惯例和发达国家的实践经验来看，非政府组织在一国实施对外文化交流中也起着不可替代的重要作用。以法国为例，法国最大、最具影响力的对外文化交流机构"法语联盟"即为非政府组织，其遍布世界 133 个国家，在世界各地拥有 1 070 余所分支机构。① 与政府组织不同，非政府组织具有更强的灵活性，且因为长期从事同一性质的工作而更具专业性，同时具备了"半官方"和"半民间"的性质。我国对外文化交流的非政府组织起步比较晚，但发展较快。我国目前在文化部注册管理的社会组织有近 600 家。文化部主管的社会组织达到 100 多家。其中有相当一部分是涉外文化交流性社会组织。文化部社会团体管理办公室主任王吉指出："社会组织的民间身份和非营利性等特点，使得它们在开展文化交流活动时更具亲和力，更容易实现交流和理解。尤其在东南亚儒学文化圈内，一些在政治、军事、经济层面无法解决的问题，却可以在文化层面达成共识。文化类社会组织为开展国际文化交流提供了一种独特的宽松场所和基地，很多文化交流项目在促进文化认同方面所产生的作用与影响是巨大的。"

我国各类与文化相关的非政府组织近年来在国际上活动频繁，将中华文化推向海外，成为我国文化走出去的重要力量。非政府组织的活动方式通常都比较灵活，而且能够做得比较专业，通过专业的交流更容易引起双方的共鸣。而且非政府组织的活动不太容易引起对方的反感，因为意识形态和政府行为比较弱，因此容易融入到当地民众中去，从而产生较好的传播效果。比如，1986 年 7 月成立的中国对外文化交流协会是我国对外文化交流活动中影响非常大的非政府组织，其宗旨是通过开展同各国之间的民间文化交流与合作，繁荣人类的文化事业，增进中国人民同世界各国人民之间的相互了解与友谊。它是从事国际文化交流的全国性社会团体。另外一个对外文化交流组织——中国国际文化交流中心，也是从事对外文化交流的全国性社会团体，其宗旨是通过民间的国际文化交流，加强中国人民与世界各国、各地区人民的相互了解和友好合作，为我国经济发展、科学进步、文化繁荣服务，为促进世界和平做出贡献。

（三）文化企业层面的对外文化输出

文化企业层面的对外文化输出从根本上丰富和拓宽了我国文化走出去的内容和途径，并且，随着文化企业在市场经济中不断发展壮大，已经成为我国文化产业发展的中坚力量。它们在国际市场运作中所获得的经验，不仅使其自身快速成长，也推动了国内文化产业的发展与成熟，加速了国内文化产业与国际文化市场的接轨。我国文化企业引导文化走向世界的形式最主要的是两种：一是向海外输出文化商品。文化商品是指文化产业加工的、用于销售的文化产品，例如，图书、音像制品、影视作品、文学作品等各种文化艺术

---

① 北京法国文化中心网站，http：//www..ccfpekin.org.

品，这是企业层面文化走出去的主要渠道之一。文化走出去是为了传播我国优秀的传统文化，是文化传播和融合的内在需求，文化对外传播需要借助于文化商品所承载的文化符号和文化信息，来传播本国的文化价值理念。二是对外文化服务。文化服务是指政府、非政府组织、文化企业和机构、文化工作者或个人取得文化利益或满足文化需求的活动。文化产业领域中把非生产制成品的经济价值量，如设计、展览、表演、咨询、培训等向其他国家销售称为文化服务。与第一类传统的以实物为基础的文化产品出口相比，文化服务贸易在文化贸易中的比重正呈现上升趋势，发展势头良好。除了这两种主要渠道之外，企业层面文化走出去的形式还包括合作研发、国外直接投资、战略合作、委托代理等，这些方法也是一般跨国企业在产品和服务走出去中通常使用的。这类方法成功移植到文化企业并成熟运作，主要原因是随着改革开放和市场经济的不断发展，跨国公司已经成为企业层面文化走出去的主体。

近年来，我国文化企业层面的文化对外传播取得了显著的成绩，在整体文化对外贸易结构体系中，文化服务贸易的比重在不断加大，这是我国对外文化贸易水平不断提高的表现。随着知识经济的到来，使得文化对外贸易中对知识含量和服务质量的要求在不断增高，传统意义上的以商品交换为基础的文化产品贸易在逐渐失去原有的支柱地位。另外，我国大型文化跨国公司的实力也在不断增强，越来越成为我国企业层面文化对外传播的主体力量。文化企业作为文化对外传播的主体，其功能的发挥主要是通过对文化产品和文化服务的消费与交流，这个消费与交流的过程就是文化走出去的过程。

（四）孔子学院的对外文化传播

孔子学院的创办是解决我国文化走向世界过程中语言障碍的一种方式，也是我国文化走向世界的一种独特而重要的组织形式。随着中国综合国力与国际地位的提高，国际交流与合作的日益深入，汉语越来越受到各国政府、各跨国公司、国外大学、教育机构和国外大学生的关注，全球"汉语热"高潮迭起。可以说，孔子学院是"汉语热"全球升温的结果，它的诞生与兴起为中国文化的对外传播与交流开辟了一条新的途径。世界首家孔子学院于2004年11月在韩国首尔挂牌成立。近年来，孔子学院已成为推广汉语教学、传播中国文化的全球品牌和平台，为发展中国与世界其他国家的友好合作关系，增进世界各国人民对中国语言、中国文化的理解，提供方便、优良的学习条件。孔子学院作为中国国家汉语的国际传播机构，在实现汉语国际化和对外传播中国文化的过程中扮演着重要角色并承担着重要任务。

（五）纯民间层面的对外文化交际

纯民间层面的对外文化交际是指以民间的个人或社会团体开展对外文化的活动。民间的对外文化走出去是我国总体走出去的重要组成部分。通过民间友好工作，广交朋友，以民促官，为我国整体文化走出去创造条件。国外许多国家的民间组织都已在本国对外文化交流中发挥着重要作用。民间层面的文化走向世界具有以下特点：首先是方式灵活多变，建立的信任度高。民间交往一般不讲求礼遇规格，交往形式更贴近生活，更具人情味。这种自由灵活的形式使得外国友人亲身接触中国文化人并有利于双方建立起良好情谊，这类具有私人性质的友谊在关键时候能发挥极大作用。并且社会组织的民间身份和非营利性等特点，使得它们在开展文化交流活动时更具亲和力，更容易实现交流和理解并相互建立信任，使得文化走出去的效率更高。其次是受国际环境和国家关系变化的制约少。无论国际形势和国家关系如何变化，民间友好交往是长期不断的，相互间建立的情谊是稳定的，可靠度较高的。国家关系逆转时，两国人民之间的友好交往仍然可以进行，并且常常可以成为扭转局势的契机。最后是接触面广，交往内容广泛。民间交往的对象多样，包括民间组织、政党、社会团体、个人等。就交往内容来说，民间交往内容广泛，无论是阳春白雪还是下里巴人，都可列入其中。但随着民间组织的不断壮大以及国家的政策日渐鼓励支持，我国各类民间组织不断发展，也在对外文化交流活动中发挥着不可替代的作用。

三、中华文化对外传播主体功能实现的不足

当前，整体上来看，中华文化对外传播在国际上还处于弱势。中华文化的对外影响力不强，究其根源，是因为传播主体功能实现的不足。

（一）政府层面文化对外传播存在的问题

我国文化对外传播的主要实施者是政府组织。政府是文化对外传播的宏观设计者，文化对外传播目标的设计、政策框架的构建、物资财力的投入、文化交流项目的推介等，都离不开政府组织的推动，可以说，政府决定着文化对外传播的方向、路径和模式，发挥着对外文化传播的引航员的作用。但是也存在一些不足，从总体来看，我国政府层面文化对外传播存在两种情况：

一是政府职能的发挥还不够完善。由于我国文化对外传播战略尚处在发展完善阶段，许多方面还不够成熟，通常出现的情况是，一些需要政府扶持的项目，由于缺少及时的政策或财政扶持，致使项目进行举步维艰，我国特殊的文化机制和体制是产生这一不足的根本原因。例如，新闻广电出版总署和文化部本都是文化领域的机构，却分成了两个部门，还有国家文物局、国家体育总局、中国文联和中国作协都是文化工作机构。中宣部也设有涉及文化方面实质性工作的机构。文化管理职能分散、政出多门、各行其是，为维护各自部门利益互相掣肘，导致文化资源和职能按计划分配和配置，造成文化布局不合理和管理

上的交叉与盲点，程序复杂，链条割裂，不利于规模发展和效率的提高，部门间容易出现相互阻碍和重复管理的情况，致使文化走出去受挫。综合来说，就是政府还未能整合各个层次的相关资源，把对外文化传播与外交、外贸、外援、科技、旅游、体育等工作结合起来。建议更多地发挥市场和社会的力量即非政府途径引导文化走出去，来缓和这一矛盾，这是有关文化部门应该深思的。

二是计划经济时代遗留下来的全能型政府的痕迹并未完全消失。中央与地方结合、官方和民间结合、政府交流项目与民间有偿展演相结合的多层次、多渠道的机制还未完善，全能包办一方面使政府的负担不断加重，另一方面制约了文化企业和民间团体的自主发展。要从全能型政府中转化，不仅需要体制上的改革，还需要政府工作人员和文化管理人员改变思维和态度，建立起以服务大众为主的职能型政府。比如，文化艺术团出访演出向外国观众直观生动地展示了我国优秀传统文化与艺术，经由双方政府高层的组织和宣传，此种走出去的形式所达到的宣传范围广、宣传力度大、受众更广泛，是政府层面文化走出去的良好途径之一。但是这一传统文化走出去的形式也存在诸多不利之处，一是创新不足，缺乏吸引力。由于出访演出的形式和程序是相对固定的，缺乏灵活性，因而难以突破形式上的局限进行创新，这也是出访演出亟待解决的问题。二是演出经费高，政府需要花大量财力来支持。

三是文化对外传播的项目种类略显单一且短期活动多。当前，对外文化交流主要集中在文艺访演活动上，并且多以杂技、武术、歌舞、民乐等传统项目为主，品牌项目不多，文化交流的品牌化和精品化程度较低，还未形成涵盖对外宣传、对外贸易推介、形象推广等内容的多效应集成的综合性文化活动，与海外受众的融合程度远远不够。另外，我国对外文化活动短期轰动性的活动较多，长期持续性的项目较少，不能做到文化深度交流，很难形成文化的持续影响力。且由于缺乏通过海外市场运作的经验，我国演出团体的一贯做法是倾向于少赚稳赚的演出劳务输出方式，收取演出费或剧目出口，出口产品价格远远低于同类进口产品。所以造成演出效果不大，影响范围受到观演人数的局限，演出的受众范围小，影响范响范围也小。在海外举办展览也同样面临类似不尽如人意的地方。最大的问题是花费巨大，收效甚微。部分是因为展品、宣传等多方面的问题，因此，国家、各地区、各部门出国举办综合性的展览，应从严掌握，形式要多样化，展品要符合市场的需要。要根据业务发展和出口的需要，有重点、有目的、有计划地进行，要注意提高经济效益。例如，对受众调查和市场调查不周，以至展览的选择不当、展品配置不对等。

（二）非政府组织层面对外文化交流存在的问题

我国承担文化对外传播任务的非政府组织大都是民间文化类组织或社团。这些组织和社团经过长期的对外文化交流实践，文化传播能力有了很大的提高。但在组织规模扩大和对外文化传播效能提升上遇到发展瓶颈，主要表现在这几个方面：一是资金问题，我国文化类非政府组织都是自负盈亏、自筹资金类型的组织，由于发展时间较短，资金时常性短缺是制约其发展的首要问题，文化类非政府组织资金来源基本上是靠对外文化交流活动（多是文化演出、展览、文化项目合作等）的收益和少量的政府补贴、社会赞助，一旦文化项目减少，资金就难以为继；二是与政府之间的角色关系定位不清，对政府的依赖性较强，主导对外文化交流活动的自主能动性较低，有些文化类非政府组织"官方"色彩过浓，或者政府行政干预痕迹过多，在对外文化交流过程中"民间性"大打折扣，让外国民众对传播出去的文化符号和文化观念产生疑虑，甚至排斥；三是一些非政府组织"自身素质"偏低，内部支持机制不健全，社会认可度较低，在对外文化传播的内容选择上，缺乏深刻性和"高雅"性，逐利性和迎合性明显，有些文化项目甚至夹杂着落后文化和腐朽文化的影子，使对外文化交流的价值内涵降低。另外，在管理体制、政府沟通、信息披露、交流合作方面都还存在着很多问题。发展不稳定也是该类组织面临的重要问题。也有一些组织逐渐发展成为管理规范、制度完善、体制健全、信息透明的非常有发展潜力的组织。

（三）文化企业层面对外文化输出存在的问题

进入 21 世纪以来，我国的涉外文化企业发展迅速，出现了一批在国际舞台上有影响力的文化企业。但从整体上看，我国的文化企业还存在基础较薄弱，经济力量小，走出去的壁垒较多等问题。一部分文化企业还残留着公立单位转型留下的痕迹，尤其是民营文化企业还存在资金链薄弱、文化贸易人才匮乏等难题，无法对文化产品进行深度开发和大规模的国际市场推销。目前我国企业层面文化走出去存在的主要问题：一是产业规模较小，缺少优势品牌。二是产品模式重复，缺乏创新内容，与高新技术的融合较为薄弱。三是缺乏专门从事文化贸易的专业人才、企业和机构，尤其是外向型、复合型文化经营人才极度缺乏。具体来说我国文化产品和服务走出去的问题有：

首先，语言交际障碍是我国文化产品和文化服务对外传播面对的基础问题。文化产品出口包含着文化的交流，语言是文化交流的重要工具之一。由于我国语言语境复杂，方言众多，语言障碍成为文化出口的一大问题。以演出业为例，我国演出团体在海外演出节目类型较单一，主要以杂技等动作类为主。关于动作类演出占主要份额，究其原因，就是语言翻译的障碍所产生的文化折扣现象。

其次，文化品牌知名度不够是我国文化产品和文化服务对外传播面对的普遍问题。对文化产品来说，品牌是一种尤为重要的无形资产，品牌的知名度和影响力直接决定了该文化产品在国际上的被接受程度，从某种程度上说，文化产品的输出依赖于品牌的输出。在演艺业中，美国百老汇、法国喜剧、英国莎士比亚剧、俄罗斯芭蕾舞等品牌都被国际文化市场高度认可接纳。美国百老汇音乐剧在世界舞台上被广泛接受，是因为其积极打造了一系列家喻户晓的知名品牌，如《悲惨世界》一剧，16 年内先后巡演 34 个国家，累计创收 18 亿美元。一些享誉世界的"文化名牌"每到一处总能未演先热。我国正缺少国际知名文化品牌。在一定程度上，品牌的运作依赖于产业链的完善，从创意、制作、管理运营到扩展影响都需要专业团队加盟。文化要走出国门，被国际文化市场认可和接纳，就必须有代表性的知名品牌。因而，必须开阔视野，树立品牌意识，努力打造并巩固知名品牌。

再次，国外受众接受习惯和审美取向的把握是我国文化产品和文化服务走向世界需要面对的关键问题。各国消费者生活环境的不同、接受的教育不同和社会价值体系的差异等会导致思维的差异性、审美观的不同和认知能力的差别。文化产品作为一种独特的精神产品，在开发过程中既要求坚持传统，也要求紧随时代，进行创新和创造。国外文化发达的国家在对外文化产品输出中有很多值得我们参考的经验，譬如，日本的动漫产品，为了打入欧美国家市场，在开发过程中大量植入欧美人物、欧美的文化故事、欧美的场景和欧美的语言艺术风格等；韩国电视剧的风靡，也是因为宣扬了家庭、孝道、诚信、人伦关系等普遍价值观的成分。

最后，我国文化走出去的市场营销能力欠缺，缺乏熟悉市场运作规律的专业经纪机构。市场营销问题是我国文化产品和服务走出去的战略问题。市场营销在很大程度上决定了文化产品是否可以成功地走出去。目前，我国文化企业的国际市场运营和市场营销的专业性和经验都比较缺乏，专业的人才队伍还没有完全建立，这成为制约我国文化产品和服务走出去的主要瓶颈。作为全世界马戏行业最具有影响力的品牌，太阳马戏团十分注重建设出色的营销团队。这个营销团队提前针对每个演出城市的特点做透彻、细微的有针对性的宣传，话题性营销、口碑传播等都是马戏团推广的主要方式。太阳马戏团奉行"创作优先"的原则，不惜人力财力在全球招募最优秀、最富激情的表演人才。超越客户期望的表演是太阳马戏团演出奇迹的重要核心因素。而在我国，很多文艺表演团体都有着营销不力的缺点。从演出的目标定位、吸引媒体的包装、调动观众情绪的舞台风格，到最终的配合默契都需要细致入微的专业运作。我国一些文化产品缺乏项目输出从收集信息到策划、包装、宣传、推广等一系列科学有效的操作，进入国际市场主要依靠外国经纪商，中间环节冗长。

（四）孔子学院对外文化传播在的问题

孔子学院自开办以来，在我国对外文化交流过程中扮演了非常重要的作用，在开放的教育形式中潜移默化地传播着中华文化，创造了中外教育文化交流内生式发展的新模式。但在孔子学院迅速发展的过程中也出现了一些具体问题：

首先，由于历史文化传统上的差异，孔子学院遇到了一些被误读的现象，再加上国外某些媒体和部分人士的歪曲解读，造成孔子学院在国外某些地区被认为是中国政府主导的文化扩张机构，甚至被误解为是文化入侵的工具。这些现象说明我们的工作做得还不够，今后我们必须付出相当大的精力和时间去阐释孔子学院的真正内涵和价值功能，使国外民众理解并接受孔子学院的内在文化价值。

其次，由于孔子学院在其快速发展过程中缺乏准确定位，学院建设面临机制不够完善、资金投入、不足教材不切合当地国家的实际情况等一些具体问题。一是关于教材设置统一的问题。长期以来孔子学院的教材均由各地大学主编，由于孔子学院的分布范围广，面对的学习对象复杂，所以编写教材和进行课程设置是一份艰难的工作，因此需要开发有针对性的讲授教材。二是关于师资问题。师资队伍的缺乏和教师水平的参差不齐，制约孔子学院在语言教育、文化传播和价值认同培育上的功能发挥，针对这种情况，我们应该加大对外汉语人员的培养，同时也要重视培养海外本土教师。三是关于中外双方合作办学困难增多问题。孔子学院的合作办学模式还比较薄弱。比如，"德国之声"中文网曾报道，2005年开办的欧洲第一所孔子学院——瑞典斯德哥尔摩大学孔子学院宣布关闭。根据瑞典斯德哥尔摩大学官方网站发布的消息，瑞典斯德哥尔摩大学与孔子学院的合作协议于2014年底到期后不再续约。同时美国芝加哥大学也表示停止继续进行孔子学院续约商谈。所以，由政府主导的孔子学院办学模式还要继续完善，比如采取多元化办学模式，引入非政府民间组织参与等。在传播中国文化、教授中国汉语言的过程中，多设置一些当地文化元素？设置完整的教学大纲和课程计划，实施系统的学分制？这些都值得我们思考。四是关于仅局限于语言传播，缺乏深层文化传播效果的问题。应当加强文化创新，全方位展示中华文化的魅力，发掘并传播更多的中国符号，增强世界各国对我国文化价值的认同感。因此，要根据国际市场的需求确定孔子学院的合理定位，规划和建设应稳步发展，只有这样，孔子学院才能有足够的竞争力和发展潜力。

（五）其他层面的具体问题

1. 对外文化贸易结构的失衡

文化贸易是当今国际贸易竞争的热点和焦点。中国的文化贸易发展速度较快，成长为国际文化贸易增长最快的国家之一。近十年来，我国主要的文化产品的出口和文化服务贸易的输出平均的增长速度分别是15.9%和28.7%。中国在国际文化贸易中的份额越来越重，地位越来越高。从1998年开始，中国开始跻身于世界文化商品进出口大国。世界文化商品市场由原来的"四强争霸"逐渐变成了美、日、德、法、中"五强争锋"。但是与国内其他产业的国际贸易相比，中国在文化产品和服务的出口方面存在着结构不合理的问题，主要表现在：

一是物质文化和非物质文化的输出结构失衡。英国人类学家泰勒在其《原始文化》"关于文化的科学"一章中说："文化或文明，就其广泛的民族学意义来讲，是一复合整体，包括知识、信仰、艺术、道德、法律、习俗以及作为一个社会成员的人所习得的其他一切能力和习惯。"也就是说，一个国家的文化主要包括物质文化和非物质文化两部分内容。虽然中国近些年来的文化交流成效显著，但这其中大部分的功劳应归功于物质文化，而不是对世界影响力起决定性作用的非物质性文化。

二是儒家等传统文化输出的比重要远远高于中国现代文化的输出。任何民族的对外文化交流，优秀的传统文化都是交流的亮点和主要内容选择，但是反映一个国家现代生活方式和思维理念的现代文化，同样也是造就本国、本民族文化辉煌的基础。毋庸讳言，尽管这些年中国文化的输出结构有所改观，但相对于中国的现代文化，传统文化更吸引国外民众。中国现代文化的吸引力和影响力远远比不上传统文化。传统文化和现代文化都是国家文化软实力的源泉，二者相辅相成、相互促进。中国文化结构层次的脱节不但影响了中国综合国力的提升，也使得外国人对中国的认识仅仅停留在过去的刻板印象上。

三是文化贸易结构不合理。根据国家统计局发布的《文化及相关产业分类》标准，文化产业结构被划分为三个层级：文化产业核心层、文化产业外围层和相关文化产业层。其中，文化产业"核心层"属于相对高层次的产业层，主要包括广播电影电视、新闻出版、文化艺术和文化研究、文化社团、文化机构等；文化产业"外围层"包括网络文化服务、旅游、休闲娱乐、经纪代理、广告会展等；相关文化产业层则主要包括文化用品、文化设备以及工艺产品等相关文化加工产品的生产、加工和销售。就三者之间的关系而言，相关层应服从、服务于前两者。但在中国对外文化产品输出中，次序则恰好相反。目前，在中国文化贸易的产品结构中，中国出口文化商品中的50%以上是游戏设备、文教娱乐和体育器材，而文化内容和文化服务等软件方面的出口则少得可怜，也就是说，文化产品在中国文化出口贸易额中所占份额相当高，而文化服务，特别是核心文化服务如版权和文化休闲娱乐服务在中国的文化服务出口中所占比例非常低。曾经有一位美国学者说过："中国在能够输出任何其他东西的同时，却仍然在进口政策思想。"

2. 文化的世界竞争力、影响力有待加强

所谓文化影响力，即一个国家的文化对世界人民的文化生活到底有多大的影响。文化影响力是一个国家文化软实力的重要体现，对提升国家地位有着至关重要的作用。目前，我国文化的对外影响力与中国的国际地位还很不相称。在世界主要国家文化影响力排名中，中国的文化影响力有待提升。具体表现为：首先是在世界文化市场中所占的份额较小。国际文化市场占有率指标是一国文化出口总额占世界出口市场总额的比例，主要反映着一国文化出口的整体竞争力。当前，中国的文化在国际竞争与对外交流中明显处于弱势，没有赢得世界文化大国的身份。中国的文化软实力都远远不及美国、英国、法国等成熟的文化市场，也离中国所期待的国际文化交易中心的目标相距甚远。中国已经成为世界第二大经济体，但我们还不是"文化强国"。

四、影响传播主体功能实现的障碍

文化对外传播是世界各民族、国家文化之间的交融与互动,在这种交融与互动的过程中存在许多影响交流的障碍,这些障碍大致分为两类,一类是结构性的,比如语境的差异、思维方式的不同和语言的差异,这类障碍无法克服,需要适应;另一类是策略性的,是指因为策略选择不当造成的交流障碍。

(一)中国文化对外传播面临严峻国际形势

1. 文化霸权主义对我国文化的侵蚀

早在 20 世纪 30 年代,意大利马克思主义理论家安东尼奥·葛兰西提出了"文化霸权"(Cultural Hegemony)的理论,他在《狱中札记》中写道:相对于一个国家的政治领导权,文化的领导权更为重要。当这一概念被引进世界文化关系研究的范畴时,它是指一国把自己的文化强加于他国的强权文化行为。"文化霸权主义"在当代主要表现为采用强权政治的手段强行向他国推行西方的文化价值观,试图通过文化的"感染力"实现其利用军事、政治和经济手段难以达到的目的。文化霸权主义就是西方推行的霸权主义和强权政治在文化领域的突出体现,也可以说是指奉行霸权主义的国家,借助自己经济政治优势,通过文化渗透的方式,推销自己的文化价值观念,达到别国接受其文化和价值观的目的。美国是当今世界唯一的超级大国,为维持其世界霸权地位,美国借助其自身庞大的综合国力,借助其雄厚的经济实力、政治影响力、军事实力和科技实力,在全世界推行霸权主义、强权政治和文化价值观渗透,文化价值观的渗透又融合在霸权主义和强权政治之中,演变为美国的文化霸权主义政策,美国文化霸权主义的本质就是用美国的政治制度、价值观念改造世界,把美国文化价值观作为"普世价值"植入到其他国家,实现整个世界的"美国化"。美国著名学者布热津斯基曾直言不讳地指出:"削弱民族国家的主权,增强美国文化作为世界各国'榜样'的文化和意识形态力量,是美国维持其霸权地位所必须实施的战略。"文化霸权主义对我国文化建设构成严重的危害,以美国为首的西方国家采取各种手段和方式对我国进行文化思想领域的渗透,比如美国中情局针对我国制定的所谓《十条诫令》(2000 年 6 月刊登于联合早报网;香港《广角镜》月刊 2001 年 7 月刊载;2001 年 7 月 24 日《参考消息》15 版刊载)其中一、二、三条就是典型的文化霸权主义。

2. 对外文化传播面临文化保护主义的壁垒

许多发展中国家为保护本民族的传统文化往往采用文化贸易保护主义的形式。一是通过立法和制定政策,限制国外文化产品的引进,以减小本国文化产品与国外文化产品的竞争;二是为本国文化产品提供较多的优惠政策,以保护本国的文化产品在对外输出过程中保持优势。蒙古国前总统恩赫巴雅尔曾说过："蒙古是个小国，但有自身丰富的文化、语言、传统和历史，在全球化的压力下保护祖先创造的文化遗产对我们十分重要。"所以，文化全球化的压力迫使蒙古等发展中国家高度关注对自身文化的认同，并采取措施维护国家的文化安全。除了发展中国家多措并举保护自己的民族文化，维护自己的国际文化利益外，"为了抵制殖民文化的入侵，各民族国家尤其是欧洲国家均在很大程度上采取了文化保护主义政策：扶植民族文化的创新，限制外国文化的进入"。即使是世界最发达国家美国也采取了诸多措施限他国文化产品的有效输入，例如，美国允许中国的电影到美国来，但只是买过来放在那儿，而不放映。美国实施这种做法目的非常简单，就是用政府干预的方式，尽可能限制中国的文化产品所附带的中国文化价值观念在美国的传播。美国还以各种理由和借口为中国文化的进入设置障碍。以孔子学院为例。由于美国认为"孔子学院失控的扩张代表着一种威胁，这种威胁既来自于其作为中国海外软实力建设的工具，也来自于其作为一个潜在的情报收集机构"①，所以孔子学院的开办在美国等一些国家遭遇了一定程度的抵制。无论是发展中国家还是发达国家，都在不同程度地实行文化保护主义。我国要通过对外文化交流使中华文化走向世界，提升中华文化的世界影响力，自然会受到别国文化保护主义堡垒的限制。

3. 不合理的国际文化秩序阻碍我国文化顺利对外交流

当今世界，国际旧秩序的影响依然存在，"西方大国长期以来所主导的旧秩序的一些本质特征却依然顽固地保留下来，反映在国际文化秩序上，即为西方文化的强势主导和多元文化的不平衡对峙"。集中体现为当前国际文化秩序的特点就是一强多元。特别是以美国为首的发达国家凭借自身优势和实力，通过各种方式，强行把西方价值观念、生活模式强加于世界，特别是广大的发展中国家，并以它们的思想观念来改造世界，改造大众意识。这种强势行径，使其在国际文化秩序中居于独一无二的主导地位，恶化了以中国为代表的广大发展中国家在国际秩序中的文化地位，甚至造成这些国家在某种程度上对西方文化的依赖，使本民族、本国家文化认同受到严重冲击。这种国际文化秩序破坏了国际社会权利和义务的平等原则，破坏了文化多元繁荣的格局，阻滞了不同文化间的正常交流。

4. 国际文化传播垄断格局的制约

当前国际传播领域"美英垄断、西方主导"的格局依然存在，中国加强国际传播能力建设面临着西方垄断格局的制约。西方国家通过对信息流、传播渠道和平台的垄断，制约了中国国际传播能力建设。

首先，西方国家的信息垄断。国际信息垄断，是西方国家主导国际传播的重要手段，

① Adam Mc Dowell. Are China's Confucius Institutes in Canada cultureclubs or spy outposts［EBIOL］. http：//hinaview. wordpress. com/2010/07/09/ are-chinas-confucius-institutes-in-canaa-cul-tu re-clubs-or-spy-outposts/. 2010-07-09/2011-06-06.

也是国际传播中的结构性问题。早在 1870 年，西方国家主要通讯社签订"三社四边协定"，开创了垄断国际信息的先河，时至今日，西方国家对国际信息的垄断地位依然未改变。当前国际信息流主要从发达工业国流向发展中国家，也即从"中心"流向"边缘"的格局，"中心"部分意指欧美发达国家，"边缘"部分则是指包含中国在内的发展中国家。国际信息流的"逆差"，使发展中国家的媒体被发达国家的媒体所淹没，结果，国际信息流变得更不平衡。如以美联社为首的西方四大通讯社每天新闻发布量占据整个世界新闻发布量的 80%，传播于世界各地的新闻，90% 以上由美英等西方国家垄断。此外，美国还控制了世界范围内 75% 左右的电视电影节目的生产和制作。西方国家在对国际信息流垄断的同时也注重对信息垄断地位的维护。20 世纪 70 年代，许多发展中国家意图打破国际信息流的不平衡状态，冲破西方国家的国际信息垄断，在联合国教科文组织开展争取"国际信息和传播新秩序"的行动，但被美英借口过于政治化而退出联合国教科文组织（UNESCO），导致无疾而终。从"三社四边协定"对国际信息的垄断的规定，到美英联合退出联合国教科文组织对破除旧有信息传播体制的抵制，显示出它们对国际传播信息垄断的决心。在互联网时代，西方国家更是凭借经济实力、技术设备、品牌、人才等诸多方面的绝对优势，牢牢掌握着网络信息流通的主导权。国际信息流的"逆差"，特别是在新冠肺炎疫情期间，以美国为首的西方国家凭借信息优势，对中国进行意识形态和信息战，造成外部舆论环境的西方化，严重阻碍了中国信息的正常传播。

其次，国际文化传播渠道垄断。渠道是信息流动的通道，良好的渠道是信息传播取得良好效果的前提。以美国为首的西方国家正在垄断国际传播渠道。虽然没有任何国家的一家公司可以控制所有的媒体，但是报纸、杂志、书籍、广播、电视、电影、互联网和其他大众传媒正逐渐被几家巨型跨国公司所控制。这几家屈指可数的西方国家公司在规模和传播能力上已经超过了世界上曾有的和现存的任何组织和机构。它们在全球建立起来的错综复杂的关系网已经使其成为国际性的卡特尔。① 据世界媒体实验室（World Media Lab）发布的《2020 年世界媒体 500 强》名单，美国企业占 113 席，欧洲占 154 席，日本占 39 席。其中，7 家美国企业位居世界前 10 名。特别是在全球媒体 100 强中，西方国家媒体更是占 90%。总体来说，西方国家垄断着国际传播的传统渠道和非传统渠道，非西方国家几乎丧失信息国际传播的权力。在垄断国际传播渠道的同时，西方国家也往往以国家安全和意识形态为借口封锁非西方国家的国际传播渠道。疫情期间，美国屡出政策限制中国驻美媒体机构和记者数量，甚者在外国社交媒体平台对支持中国的言论采取直接限制措施。2020 年 3 月，美国将中国驻美五家媒体机构认定为"外交使团"，限制中国记者签证，并宣布驱逐中国 60 余名驻美记者。同时，英国也以国家安全为借口限制中国驻英机构的发展，2021 年更是公然违约，撤销了中国国际电视台（CGTN）在英国的广播许可。受到英国的

---

① 钱晶晶：《全球信息传播秩序重构的理论与实践研究》，湖南人民出版社，2020 年版，第 23 页。

影响，2021 年德国也取消了 CGTN 在德的广播许可。根据当前国际形势，以及欧洲对中国的看法和态度，中国要想恢复在英德的广播许可变得十分困难，中国在欧洲传播渠道建设面临着巨大困境。西方国家对国际传播渠道的垄断，以及对国际传播渠道建设的限制，成为中国加强国际传播能力建设的主要障碍。

最后，国际文化传播平台的垄断。文化的国际传播中，教育平台的重要性不言而喻，然而当前国际文化教育平台处于垄断和对立状态。一方面，西方国家凭借技术优势，对文化信息流通和人文交流渠道的全方位截流与整合，实现对平台垄断；另一方面，各国教育平台被西方国家视为政治化的产物，它们人为设置政治性障碍，使教育平台处于对立状态。当前西方国家比较知名的教育平台有美国的"富布莱特"项目、英国的"文化教育协会"和日本的"国际基金会"。得益于本国优质的高等教育资源，这些教育平台在世界范围内具有很大的吸引力，逐渐成为本国进行国际教育垄断的工具。同时，由于受非黑即白二分法和"文明冲突论"的影响，任何非西方国家加强文化教育平台建设都被西方国家视为威胁。它们以意识形态划线，以政治化为借口，限制甚至抵制非西方国家文化教育平台建设。孔子学院是中国重要的文化教育平台，旨在为世界提供中国智慧，展现中国的世界情怀。然而，美国视孔子学院美国中心为中国的"外交使团"，认为它是"推动中国在美国校园进行全球宣传和恶意影响运动的实体"，会威胁到"下一代美国领导人学习、思考和谈论中国现实和共产党政权真实本质的能力"。以美国为首的西方国家开始抵制，甚至关闭孔子学院，其背后隐含的逻辑就是对中国日益增强的国际文化教育平台的担忧。西方国家既加强本国文化教育平台建设，又限制别国文化教育平台的发展，显示出它们对国际文化教育平台垄断的决心。

（二）中华文化对外传播存在具体交流障碍

"文化折扣"是影响我国文化对外传播的主要原因之一。1988 年，霍斯金斯和米卢斯首次提出文化折扣（Cultural Discount）概念，这一概念的内涵主要是指因所处文化背景的不同，在国际文化贸易输出中，本国的文化产品或商品不被世界上其他国家和地区的民众接受或认同，从而导致该文化产品价值的降低。这一定义突出了背景文化差异是导致文化折扣的重要原因。具体表现在：

1. 对外文化交流存在语境差异

美国文化学者霍尔指出：文化具有语境性特点，在文化交流过程中，这种特点表现得最为明显。文化信息的编码表达方式、程度各有不同，所以，造成文化语义展现的语境也不同，一般根据文化信息表达的"直接"程度，将文化分为高语境文化和低语境文化，两种语境的文化具有明显的表达差异。大多数文化人类学学者认为，高语境文化具有：暗码信息；反应很少外露；高承诺；内隐、含蓄；较多的非言语编码；时间处理高度灵活；圈内外有别；人际关系紧密等特点。低语境文化则具有：明码信息；反应外露；低承诺；外显、明了；较多的言语编码；时间高度组织化；圈内外灵活；人际关系不密切等特点。通过两种文化语境的特征，我们可以看出，低语境文化的文化信息表达方式主要表现为直接、明了、简单、易懂，主要使用显性的语言和符号，一般没有隐形的附带文化信息。与此相反，高语境文化所体现出来的是较多依靠双方之间交流、沟通的隐性环境，显性符号承载的信息量比较有限。用最形象、最简洁的语言来概括，即"话里有话"与"有话直说"。

中国文化属于高语境文化，西方文化属于低语境文化。判断的依据主要是两种文化的渊源不同、演进历程不同和语言内容丰富的环境不同。前者深受儒家、道家、佛家思想的影响，特点是推崇少言、讷言、寡言、慎言，交际的最高境界是善于察言观色，这也是成功交际的基础。道家思想追求"大音希声；大象无形；道隐无名"。"道"作为宇宙本体，是无名、无形的，是"非言"与"不言"。佛家追求的是明心见性的顿悟，而不是语言交际的功能，因此，中国文化的思想渊源奠定了中国文化的高语境背景。西方文化源于苏格拉底、柏拉图、亚里士多德等的哲学思想。其思想核心是强调逻辑与理性的重要性，表达方式强调条理性、逻辑性、准确性，特点是直奔主题、直接表达，知无不言，言无不尽，没有揣摩，不用意会。这与中国文化传统的内涵形成鲜明对比，因此西方文化属于低语境文化。所以，中西文化之间语境的差异是两种文化交流的障碍，甚至是对外文化交流的基础性障碍。

2. 对外文化交流的思维方式差异

在当今世界，文化多元化条件下，不同文化背景的群体中，既有人类所共有的相似或相同的思维规律，也有拥有自身文化背景的本民族国家特色的思维方式、认知习惯和行为范式等。比如，中国人的思维习惯是先整体后局部，在对时间和空间的表达上，习惯先考虑整体再分析部分，是一种整体—部分的表达方式。而西方文化背景的思维习惯恰恰相反。再如中国文化中"不"的概念，在一些特殊的语言环境中，就不是否定的意思，而仅仅是表示客气。同样的语言环境，欧美人则喜欢直来直去，直接表达。所以，在跨文化交流过程中，很多文化交流工作者或文化交流过程的经历者经常会用自己的思维方式与对方交流，这样往往会在对外文化交流时引起误解和歧义。根据跨文化交流学的一般理论，文化交流的过程是指文化交流主体依据自身的思维方式组织起一套完整的语言信息发送出去，接收者以自身的思维方式去接收信息，然后把接收到的信息重新编排—组织—破译，在这一过程中很容易造成理解上的偏差和误读。所以，在对外文化交流过程中，由于思维方式的差异，致使交流效果大打折扣，甚至产生相反的结果。以中国人和欧洲人的思维方式差异为例，有外交人员根据自己的实际感受总结出了中国人和欧洲人思维方式的几个差异：

一是抽象思维和具象思维的差异。这大概可以说是中国和欧洲国家在思维方式方面最突出的差异了。它表现在语言、文字以及音乐和绘画等几乎所有方面。二是感情性思维和利益性思维的差异。我们常说中国人重义轻利，西方人重利轻义。中国人出国访问总是准备精美礼物，而对方回送的多是一般小纪念品。对比之下，中国人往往会"以己之心，度人之腹"，抱怨欧洲人的冷淡和小气。但问题是，欧洲人对中国人的热情也并非总是领情。这位外交人员曾问法国一位资深市长访问中国的感受，他说中国人太过热情，访问日程安排得过于认真，顿顿宴请，自己没有自由，反而拘谨。三是整体性思维和局部性思维的差异。这和抽象性思维与具象性思维之间的差异是正相关的。抽象思维是通过直觉把握事物，首先触及事物的整体，而具象思维正好相反。四是扬善性思维和批判性思维的差异。中国几千年的伦理道德基础形成了社会正面褒扬的传统；而西方的体制特点培育出社会整体的批判主义精神。翻开欧洲报纸，只有大牌明星，没有典型人物。新闻报道很多篇幅集中在社会存在的问题和发生的各种灾难，对政府的政策批评也很平常。五是防御性思维和进攻性思维的差异。欧洲历史悠久，经济发达，社会成熟，欧洲人总体上有一种优越感；加上野蛮的侵略扩张历史的浸染，潜意识里崇尚丛林法则。他们习惯居高临下，以自己的逻辑审视别人。有时并不了解情况，但也会妄加指责。六是曲线型思维和直线型思维的差别。欧洲人讨论问题直来直去，中国人可能会觉得太赤裸裸；而中国人好诱导启发，对欧洲人来讲又太过含蓄。直线思维不可避免地带来灵活性的不足。所以和欧洲人谈合作，最好的办法就是开门见山，直截了当，讲清各自的义务和利益。还因为是直线，因此不能太多转弯，和欧洲人谈事，一次最好集中一个主题。太多了，对方会觉得太散，没有中心。

3. 对外文化交流的语言差异

对外文化交流的基础和关键是如何选择恰当的表述语言，同时这也是有效跨文化交流的难点。所以，语言差别是跨文化交流的重要障碍。不同的语言在其长期的历史发展过程中形成了区别于其他语言的表达方式。不同的民族、族群和国家在发展过程中，由于所处自然环境、社会环境和文化形成环境的不同，造成表达不同文化形态的各种语言，其词汇的表面意思和引申意思各不相同。语言使用在不同的环境里会产生不同的字面意义和蕴含意义，以及不同的影响和效果。不同的语言有不同的"语用规则"，因为文化背景的不同导致了语言在"语用规则"上有差异。根据语言学的理论，语言表达至少有两套规则：一套是结构规则，即语音、词汇、语法等；另一套是使用规则，即决定使用语言是否得体的诸多因素。"语用规则"是文化传播与交流的直接阻碍，在对外文化传播与交流过程中，如果交流的双方对双方文化上的这些区别重视不够，就会出现语言选择上的失误，这种失误所产生的歧义会影响文化交流的效果。因此，了解文化造成的词语的直意、隐意的变化，正确理解这些差异，增进不同文化间人们彼此的了解和沟通，对于提高对外文化交流效果具有重要的作用。

（三）中华文化对外传播存在的现实问题

文化有效对外传播，在现实中还面临这样或那样的问题，这些问题有些是外部环境造成的，有些是我们自身文化建设的不足造成的，我们需要摆正心态，找出与发达国家文化影响力的差距，找准问题，克服不足，推动中华文化有效对外传播。

1. 对外文化传播过程中文化自信度不够强

中国文化绵延数千年，源远流长。在相当长的历史时期内，中国人对本民族的文化一直充满自信心和自豪感。近代以来，我国在对外文化交流过程中，出现了文化自卑的现象，究其原因，是鸦片战争后，西方文化借"坚船利炮"传入我国，直接侵蚀、冲击着我国的传统文化和传统价值体系。此后的100多年里，不断有人宣扬"全盘西化"论，认为中国传统文化已经落后，代表现代文化发展的方向是西方文化。时至今日，这种文化自卑心理仍然有很大的影响。比如，文化领域的"国际大奖"热，学术研究的"唯西方标准"等。另外，从现实原因看，随着文化全球化深入发展，作为强势文化的西方文化对我国民众的价值观念、思维方式、审美情趣等都产生了深刻的影响，有些人对我国传统文化缺乏信心，对复兴传统文化、增强中华文化的国际影响力感到不自信，有的甚至恶意贬低本民族的优秀传统文化。改变这种状况，需要树立中国的文化自信，需要国人更加珍视本民族的文化传统和价值，对自己的文化特质和文化价值有一个准确的判断和定位，对本民族文化发展繁荣前景充满崇敬感与自信心。

2. 对外文化传播过程的话语方式转换不够充分

话语是文化交流的主要方式，反映了人们的思维方式和价值选择。话语方式的转换不是简单的语言文字更改或者信息符号替换，而是有着强烈的意义表征。当前文化全球化、多元化背景下，各个国家、民族文化共存与相互激荡，面对当今这样一个多元化与差异化的"话语"叙事时代，提升对外文化交流的话语能力是任何一个交流主体都应重视的问题。我们应不断寻求新的转换话语的途径和新的方式，以提升文化交流的成效。当前，我国对外文化交流过程中话语方式的转化明显不足。没有实现最大限度地挖掘我们的话语资源优势，最能表达当今新的时代精神和价值理念的话语元素培育不充分，并且缺乏对这些话语元素进行新的糅合与重铸的能力，话语方式的转化能力不足。

3. 对外文化传播过程的区域针对性不明显

跨文化适应理论告诉我们文化具有选择性的特点，即当一种文化传播到另一个文化圈中时，采用同样的传播方式，传播相似的文化内容，往往很少能够在不同的文化模式中产生出同样的共鸣。所以，对外文化交流必须适应不同文化圈的特殊状态，采取差异化的传播方式和针对性的传播内容。但是，目前我国的对外文化交流方式和内容缺乏这种适应，忽视了传播对象的差异性以及选择性。因此，在对外文化交流过程中，我们需要把握不同文化区域受众的心理状态和思维方式，采取针对性的交流内容和策略。避免出现"你想说的都说了，我想听的你都没说"或者"你说的，我不懂"的现象。

4. 对外文化传播过程的文化创新性不足

创新是一个民族进步的灵魂，任何一种优秀的文化传统，只有随着时代的前进，不断地创新，才能保持其旺盛的生命力。一个民族的传统文化如果不加以改造和变革，就无法与当代社会相适应。当前，我国在对外文化交流过程中文化的创新性还不够强，真正代表中国的民族文化创新，受到世界人民向往和喜爱的创新不多。主要表现在：文化内容的原创力不足，缺乏对中华民族优秀文化的内涵进行充分的挖掘和创新，日常文化消费普遍存在山寨复制和一味模仿现象；文化的传播形式较为落后，缺乏赢得普遍认同、适应不同文化群体、充满现代气息的创意文化产品；文化资源的开发能力偏弱，存在"吃老本"现象。美国学者雷默提出："中国一些官员在展示本国的文化时，却仍然习惯于选用那些老掉牙的戏剧、文打武斗的功夫和平淡无奇的茶叶，他们还未意识到如何充分利用当代中国的文化先锋"。① 这一论断虽有失全面，却指出了我们的文化创新性不强。因此，中国要加强与世界的沟通与了解，强化创新意识，不断涌现的新思想以及应对诸多问题的新举措，效果都要比古老传统好得多。

五、提升传播主体文化传播效能的建议

（一）构建文化产品和服务走出去的综合性对策

首先，做好长期规划。我国文化要走向世界，必须明确自己的发展定位，制定发展目标、战略规划和具体有效行动措施。充分发挥我国文化产业优势，制订各地区、各门类输出规划。文化贸易综合环境和基础条件好的地区可以先行一步发挥龙头作用，整合、集中优势资源，形成强势输出项目。搭建贸易平台是一条很好的途径，但对于我国广大的领土和经济文化发展不平衡的局面，除了对外窗口打开，还应在地域上分区划分，进行演艺优势整合，鼓励各地更多的优秀公司和团队开展国际化创作，拓宽贸易平台的辐射范围。在输出范围上，由于文化交流过程中存在文化折扣现象，可以首先面向亚太地区和华人世界，以此为突破口，由点带面，逐步扩展文化传播区域，最终在世界范围内传播。不断扩大文化贸易的市场空间和服务范围。政府还应简化审批手续、给予财政税收优惠等作为鼓励、扶持。除了金融支持，提高出口便利化水平、建立并完善文化贸易中介组织、加强组

---

① ［美］乔舒亚·库珀·雷默：《中国形象：外国学者眼里的中国》，沈晓雷等译，社会科学文献出版社，2006 年版，第 35 页。

织领导都值得关注。

其次，建立专业经纪机构。文化经纪机构是文化交流的中介机构，在对外文化交流过程中扮演重要角色，作为文化信息中心，充当了中外文化组织和机构之间的桥梁。所以，政府应进一步放宽政策，采取积极鼓励措施，大力发展、扶持文化经纪代理机构和营销机构，支持其壮大实力，实现规模化，扩大业务范围，逐步成长为世界型跨国文化经纪公司。同时采取政府与公司相互合作的方式，重视、创新对文化项目的包装与推广，为对外文化产品与服务出口开辟专门化的便捷信息渠道，提升中国文化在世界各国的认同感和影响力。

再次，开展国际合作。文化国际合作与研发，就是中国文化企业与外国文化公司共同开发新产品、项目和技术，以共享国际市场，以此搭建中国文化走向世界的国外平台。国际文化合作是文化走向世界的有效合作方式，开展国际合作有助于拉近我国文化产品和世界先进文化产品和生产模式之间的差距。比如，与国外电影公司合拍电影就是一种国际合作模式，通过合拍电影可以充分利用国外资源，在短时间内快速提升我国的电影生产质量，发展我国的电影产业。近年来，出现了一些票房、口碑都比较成功的大制作电影，比如《集结号》《捉妖记》《卧虎藏龙》等都有和美国好莱坞、韩国影视特效公司合作。开展国际合作还包括建立良好的关系网络，为使我国表演艺术能更多更好地进入国际演出市场，比如，鼓励国内有实力的演出公司加入海外优秀的演出协会，与同行及协会建立良好关系。

最后，借鉴成功的商业模式。良好的商业模式是企业成功的重要保证。文化类企业也可以借鉴成功的普通商业模式，在不断创新中实现发展。我国在文化走向世界过程中借鉴国外成功的商业模式是迅速拉近我国文化企业与国外成熟的文化企业之间距离的有效途径。在全球化时代，一个成功的商业模式可以在全球范围内迅速推广，取得很好的效果。"中国达人秀""中国好声音""中国好歌曲"等文化项目都是全球化的商业运作的文化合作模式，都取得了很好的社会效益和经济效益。这些合作模式的成功其关键是目标观众明确、宣传手段精准、形成了良好的品牌、进行体系化的市场营销、实现演出业的规模化和标准化，从而使演出业最终走向产业化，使塑造演艺产品从制作到营销、演出环节实现了国际化，在市场化、商业化大背景下，潜移默化中带动了中国文化对外传播。

（二）扩大对外文化交流的深度和广度

发展对外文化交流，包括演出交流，需要高度重视演出节目的内涵与创新，拓宽各种交流渠道，不断将对外交流推向新的水平。

1. 优化对外文化交流的内容

首先，立足于自身文化，加强文化创新。文化不仅需要积淀，还需要振兴和创新。文化是一个不断发展、不断丰富的动态过程，文化的生命力在发展，文化的影响力在传播。所以，对外文化交流的目的在于促进文化发展和优化文化传播，而目的的实现需要精选文化传播与交流的内容，因此，我国在对外文化交流与传播过程中，不仅要选择传统中华文化的精华，也要选择当代中国文化建设的新成就。一方面使国际社会认识和了解中国的古老文化，另一方面中国优秀现代文化也需要传播出去，故而，需要在自身文化的基础上，创新文化的内容，融入新的时代元素。具有民族特色的中华文化是一座桥梁，沟通着中国文化与世界其他文化，展示着中国的魅力。文化活动是向他国展示自己的窗口，是关于中国历史与现代的演艺，能帮助我们树立一个真实而有文化魅力的大国形象，因而，交流项目内容需要创新，这不仅要结合国家的特色增加亮点，也要考虑具体演出地的文化差异及受众欣赏水平。

其次，还要发掘现有文化资源，做好整合包装。中国博大精深的非物质文化遗产、民间艺术等都需要认真整合、包装，通过文化根脉、血脉的追寻对传统文化进行深度了解和创作，然后以合适手段推介出去。

2. 加强对外文化交流的规划统筹

对外文化交流与传播的规划统筹是政府组织的主要责任，政府既是对外文化交流与传播的规划者，也是对外文化交流与传播的实施者，所以，政府在对外文化交流与传播过程中扮演着关键角色。政府应有意识地扩大对外交流的广度和深度，不断将对外交流推向新的高度和水平。要组织力量研究国外文化市场、研究国外公众的心理、分析国外受众接受习惯，有针对性地调整和组织对外交流项目。从受众的角度分析，对外交流分为两个层次。两个层次面对的对象不同，所以要采取不同的文化传播方式，针对第一个层次：普通大众群体，主要是通过人民大众都能接受、喜闻乐见的形式传播中国文化，比如，文化展览、文艺演出等；针对第二个层次：社会精英群体，他们多为社会文化骨干和精英人士，有文化、有知识、有能力、有社会影响。他们一般不满足于普及型、大众化的文化表现形式，而是希望对中国文化有些合作。一要充分利用举办国际盛事的影响力，广泛进行对外文化传播。近几年来，"欢乐春节""中国文化年"等文化活动，不断在世界各地取得轰动效应，证明了这一点，这些活动提升了中国文化的海外传播层次，更给中国文化带来世界的信任和理解。所以，我们在举办国际性文化活动期间，要组织好各项活动，增强中华文化和世界文化的交流。二要加强文化合作关系，掌握文化传播的话语权。我国与世界的文化交流需要培养锻炼专业的团队，完善和创新国际文化人才机制，熟悉国际文化运作的规则，掌握国际最新的文化发展动向。

3. 搭建多元对外文化交流平台

一方面，加强对外文化交流要搭建多元的对外交流平台，大力整合、开发驻外机构的文化传播作用。驻外领事馆、大使馆、办事处、代表机构是很好的文化传播平台，应充分挖掘、发挥其在传播中国文化的桥梁作用；积极参加国际文化交往规则的制定，参加国际文化机构，鼓励中国公民在国际文化机构中担任职务，以此增强我国的国际文化话语权；发挥多元文化交流载体的文化传播作用，借助国外著名的电影节、电视节、艺术节、博览会等平台，宣传中国优秀的文化产品和文化服务；精心挑选、培育对外展演团、组，提升对外文化、文艺演出的水平；积极参与或主办国际性书展、节展，大力发展、扶持各类对外文化中介机构。

　　另一方面，调动非营利社团如对外文化交流协会的力量，完善对外文化交流渠道。建立民间对外文化交流基金，扶持民间团体，调动文化企业和个人进行文化交流的积极性。比如，日本国际交流基金会正是为日本政府支持下的推进日本的国际文化交流事业而设立的，帮助日本建立了良好的国际环境，维持并发展了友好的国际关系。

第四章
跨文化传播视阈下中华文化对外传播的载体分析

在政治与经济的交流合作需要文化的强力支撑的时代，要扩大、增强一国文化的国际辐射力、影响力，仅仅依靠富有世界感召力、亲和力的先进文化是不够的，还需要一定的投送技巧和传播载体。传播力决定影响力，传播力的强弱取决于传播载体的建设，中国要在国际舞台上弘扬中华优秀文化，大力推动中华文化对外传播，必须依仗形式多样、方法丰富的文化交流手段，开拓和加强多渠道、全方位、有效果的对外文化交流与合作载体。

一、跨文化传播的载体

跨文化传播离不开传播媒介或传播载体的传递作用，所以，跨文化传播媒介或载体的筛选与培育是跨文化传播的首要任务。

（一）大众传媒载体

大众传媒，是大众传播媒介（Mass Media）的简称。"大众传播媒介从一般意义上包含两层含义，即信息传播的物质工具和从事信息传播的组织机构。作为传播工具，它包括报刊、书籍、广播、电影、电视、互联网、手机等；作为信息传播机构则包括报社、出版社、通讯社、广播电台、电视台、影视制作单位、互联网站、手机短信发送机构等组织。"大众传媒是传播文化的物质工具。约瑟夫·奈在《软力量：世界政坛成功之道》一书中，将大众传媒（或大众传播）看作是"软实力"的一项必要组成。文化的传播与扩散，必然需要依赖一定的传播媒介，而其中最主要当数大众传播媒体。在当今信息化背景下，国际上，任何一个国家文化软实力、文化影响力的提升越来越离不开媒介的作用，传播媒介的宣传功能在文化对外传播过程中有营造良好舆论氛围的作用，同时，大众传媒是对外文化传播的天然最佳载体，甚至有些大众传媒本身就是文化对外传播的内容。

随着科学技术的发展，大众传媒的传播手段也在不断的改进，从传播手段角度分析，迄今为止，文化传播的发展大致可分为三个阶段：分别是口语文化阶段、书籍文化或印刷阶段、现代电子媒介阶段。在每个发展阶段，每种传播媒介的出现和普及都推动了人类文化的传承和文化信息的传播，促进了人类社会文明的进步，特别是被称作"自由的信息超级市场"的互联网，因其发展超越了时间和空间的限制，突破了信息承载的时空界限，实现了信息制造和传播的瞬间化，再现了信息传递的多维立体感，自20世纪90年代以来，成为文化传播、文化交流、受众接受文化和信息的主要渠道，更是文化对外传播的主力军。互联网等多媒体技术成为文化交流和传播的主要途径，以互联网为基础和代表的新兴媒体，在文化传播中越来越扮演着重要角色。

（二）语言教育载体

语言是人类心灵沟通的桥梁。通晓对方的语言，是读懂对方心灵、相互理解信任的基础，也是实现国家对外政治、经济、文化利益的手段。萨丕尔强调说：人的独特性正在于人能通过语言的传播建构自己与世界的一体化关系——人类不只是生活在客观世界之中，也不仅仅是生活在社会行为的世界之中，还受制于特定的语言环境。在这个意义上，语言就成为人们在社会生活中表达自己的媒介。主要发达国家都十分重视本国语言的国际推广，并把语言输出作为传播自己的文化和价值观，使本国的文化在世界多语言和多文化的格局中占据重要地位。美国一直重视英语的推广，并把语言和文化的国际推广提升到国家安全的高度。美国国际外交咨询委员会指出："对外交流和培训对美国的对外关系有着直接的和多重的影响，是其最有价值的工具之一。""对世界文明以及语言的忽视将导致我们作为世界领导人的地位受到威胁"。

语言既是文化的载体，也是文化形态的典型代表，根据文化发达国家的经验，语言的国际化是提高文化国际影响力的主要手段，所以，汉语的国际化有利于中国国家文化软实力的增强和中国文化走向世界。应该说，近些年来，中国在积极推广汉语国际化方面取得了重大突破。早在1987年，我国就成立由多个国家部委联合组成的"中国国家汉语国际推广领导小组"，并设立专门汉语推广机构"国家汉语推广办公室"。1990年中国国家汉语水平考试（HSK）也正式开始实施，大大推动了汉语在世界上的推广。2004年11月，又在海外成立了以教授汉语和传播中国文化为宗旨的非营利性公益机构——孔子学院（Confucius Institute）。同时，电视孔子学院、网络孔子学院也开通和成功运作。此外，中国政府还在海外设立了中国文化中心等机构。

（三）文化交流平台载体

第一是多元的文化艺术交流平台。包括重要节日和纪念日，如"欢乐春节"文化传播活动；友好省州、友好城市之间的主体文化交流活动；文化年、文化节、文化周、艺术周、电影周、电视周和书画展、文物展等平台；我驻外机构的文化宣传推功能等。第二是对外文化中介机构。在对外文化传播过程中，文化交流中介的作用必不可少。因此，鼓励和培育对外文化中介是对外文化传播的重要环节，我们应该在政策和财政上出台政策措施，大力发展、扶持各类对外文化中介机构，鼓励非政府组织、各民间团体和组织、文化企业和个人参与对外文化传播与交流活动。第三是对外学术交流机制。学术上的交流可以提升中国文化的对外影响层次，增加中国文化在国外的美誉度、知名度，对外学术交流，主要的形式是与国外的社会科学机构、国外知名汉学家、中国问题专家、相关学者以及知名人士的文化交流及其与国外研究机构的交流与合作。第四是做好海外文化中心的建设。长期以来，海外文化中心是世界很多国家惯用的文化交流方式，它具备直观、便捷的特点，当地民众可以直接通过文化中心了解传播国的经济、政治、历史、文化、社会、民俗等各方面信息，充当传播国与受众国民众之间的窗口和桥梁。第五是充分利用当代文化传播的多样化新型载体，研究互联网、卫星直播、影视、动漫游戏等传播方式的特性，最大化发挥其传播效力，使其成为推动中国文化"走出去"有效传播载体，提升中国文化走向世界的效果，扩展中华文化的辐射广度和深度，提高中国文化海外传播话语权，保证中国文化能够灵活有效地传播出去。

（四）第三方载体

一个国家要成功实施对外文化交流，既要发挥政府的主导作用，也离不开民间力量的有力协作和配合。既要充分调动国内智库、媒体、公众等非政府行为体的主观能动性和作用，还要培育包括国外非政府组织等在内的第三方力量，发挥其文化桥梁纽带作用，促进中外文化交流的深入发展。冷战结束后，国际舞台上的非国家行为主体日趋增多并日渐活跃，是国际关系发展、变化的一个重要特点。在当前，中国的对外文化关系发展固然要积极吸引国内人民的广泛参与，但也要更多地利用在华的外国人，特别是中国文化研究学者、留学生、访华学者作为中华文化的代言人，为中国做注解，以矫正视听。这对提高中国文化软实力有着不可替代的作用。因为他们的宣传、演说相比起中国人来，其准确性和说服力往往能得到人们更多的信赖。约瑟夫·奈曾说："美国最有说服力的发言人不是美国人，而是了解美国优劣的当地代言人。"此话可谓一语中的。

1. 国外非政府性组织

一般来讲，非政府性主体主要是指：除统治集团中的执政集团外的一切力量，指一切不能代表国家，不能以国家和政府名义处理外交事务的政党、集团、组织、企业、学校、团体以及有影响的个人等。非政府主体具有力量宏大、群众基础雄厚等优势。在当代国际关系民主化蓬勃发展的大背景下，非政府主体不但对国家政府外交决策起着越来越大的影响，而且还能够利用传统的组织手段和新的通信技术来充分发挥其世界影响力。在当前国际形势背景下，中国文化对外传播，加强对外文化交往，不仅仅要与国外官方主体交流，也要加强非政府性主体之间的交流，比如非执政的政党、议会中非执政的党团、科教文卫方面的非政府组织等。以促进中外人民之间的心灵沟通和友谊合作，为中国的和平发展创造良好的软环境。

2. 海外留学生

留学生的交流是对外文化交流的重要组成部分，是推动文化走出去的良好途径。马修·弗雷泽曾这样评述美国的留学生交流："软实力也包括有助于输出美国模式的艺术交流和学术机构的安排，比如巡回展览和学者交流项目。如果外国学生在美国攻读学业，他们学成回国的时候，已经在美国深深经历了美国价值观、生活态度和思维方式的浸染。"我国也非常重视招收国外留学生工作，自新中国成立开始，留学生教育就已经是中国高等教育的组成部分。留学生既是一个国家文化的学习者，同时也是一个国家文化的传播者。加强留学生教育和交流既可以推动中外之间的文化交流与合作，又是中国文化传播出去的良好方式。这"知华派"留学生回到自己的母国，就成了中国文化的"自觉宣传员"，提高了中国文化在国外民间的认可度和传播效果。为此，国家要把培养海外留学生上升到提高国家软实力的战略高度，加强来华留学生的教育力度。

3. 国际友人

国际友人身份特殊，他们有着不同于常人的天时地利与人和之优势。一方面，他们一般在当地有一定的社会地位，有较大的社交圈子和影响力；另一方面，他们对中国文化的研究比较客观、理性，不易受意识形态的束缚，因此其对中华文化的认识更客观、公正，更具信服力，更易影响主流社会，甚至影响所在国对外政策的制定。他们不仅在促进政府间开展文化交流方面能够发挥积极作用，而且在促进更广泛的民间文化互动方面起到桥梁纽带作用。充分发挥这些国际友好人士的作用，最大限度地开发这些"软资源"和"软资本"，对全面展示中国的文化风貌，提升国家的国际形象有着极为重要的现实意义。

4. 海外侨胞

长期以来，华侨华人生活在海外，居住在不同的国家和地区，成长背景和生活环境各不相同，但是"同源同宗""同文同种"是海外华人共同的特点，海外华文教育被视为"留根工程"和"海外希望工程"。由于他们了解中国，其观点也较为客观公正，所以，海外华人华侨也是中华文化走向世界的重要传播者，是在海外展现中国形象的重要窗口和促进国际理解的最好的"民间大使"。正如有学者所说："与住在国民众联系广泛，熟悉中外文化，熟悉海外文化市场的运作模式和发展趋势，在推动中华文化走出去中具有独特优势。"因此，中国必须加强与海外华侨华人社会的联系与合作，依托和发挥海外侨胞的平台、桥梁和纽带作用，特别是华文媒体向华侨和侨居国人民大力宣传和介绍中华文化，使住在国政府和人民更加认识和了解当代中国文化，使中华文化在与当地主流文化的不断交融中不断扩大自身的影响力。因为有数据表明，目前国外华语传播媒体的数量和分布范围并不弱于英语传播媒体。若能利用他们的力量和管道，积极吸引这些海外华文传媒参与传播中华文化，将大大提升中华文化走向世界的效果，提高中华文化的海外知名度。

（五）文化产业与外贸载体

发展文化产业是提升国家软实力的战略制高点。有些学者甚至认为，"在 21 世纪，国与国之间的胜负决定于文化产业。"对于我国来说，文化产业发展既能满足人民群众精神文化生活的需求，又能创造良好的经济社会效益，还是增强国家文化软实力、扩大中华文化影响力的重要手段。提升我国文化的国际竞争力，不仅要积极发展、壮大我国的文化产业，还要不断扩展产业国际化发展的空间，通过走国际化发展道路，为中国文化走出去创造机会。一是建设海外文化产业集聚区。也可借鉴类似经贸合作区、工业园的成功模式，直接在海外建立文化产业基地。二是发展外向型文化企业。国家要实行积极的外贸和财政政策，鼓励、扶持文化咨询、演艺、影视制作等机构和企业走出国门，加强与境外媒体的交流与合作。通过到海外设立分公司或办事机构等方式，寻求国际化发展。支持重点主流媒体在海外设立分支机构，支持其做大做强。所谓文化贸易，就是指国际贸易中与某种知识产权有关的文化产品和文化服务的贸易活动。在当今世界，一个国家的对外文化贸易既是"输出文化"的有效手段和工具，又是一国扩大民族影响、提升国际地位的主要手段。所以，世界许多国家都积极发展文化贸易，力图通过文化产品的国际贸易与往来将自身蕴含的价值观念、文化传统展示给世界，以增强国家文化软实力，提升自己的文化影响力。推动中华文化通过商业形式走向世界市场，是推进中国文化对外传播的重要战略举措。

通过经贸合作促进国际文化交流。中国要借助经贸合作带动文化交流与传播，一是要不断提升传统制造业的文化内涵，用制造业的出口来拉动中国文化出口；二是以中华文化中为外国受众熟知的文化符号，比如文字、书法、绘画、武术、瓷器等作为传播媒介，向国外民众传播中华文化；三是以中国饮食文化、中医药、茶叶、服装为媒介，推动中华产品出口；四是要充分利用"友好省州""姊妹城市"等对外关系的重要平台和渠道，在双方的经贸合作与交流中传播、推介中华文化。另外，由于文化差异和文化认知程度的不同，受众对他国文化产品的接受程度是截然不同的。所以，还要对国际文化细分市场的充分认识和把握，切实做到有的放矢，以减少文化折扣，提高文化交流的效果。在对外文化贸易过程中，中国要根据自身的优势和国外市场的消费特点，优先选择文化相似性高、贸易折扣度较低的文化产品作为中国文化出口的主打产品，参与国际文化市场的竞争。文化产品可以成为中国对外文化传播和对外文化交流的有效载体。

二、中华文化对外传播载体存在的问题与不足

传播载体就是指传播内容的载体，简单来说就是传播媒介，也可称为传播渠道、信道、传播工具等。

（一）传播载体传播效能依然较低

通常，对传播载体的传播效能考查，主要是通过两个要素，一是传播载体（媒介）的传播效益，即通过传播文化产品，所获得的利润；二是传播载体（媒介）的影响力，比如传播载体所传播内容，在受众中的接受和认可程度，就是考查其影响力的主要参照。当前，我国媒体公司上榜数量位列美国之后，排名第二。我国媒体入选总量的提升，是我国传播媒体总体实力增强的结果。但是我国媒体相对于美、欧，甚至亚洲日本的媒体在传播效能上还是存在一定差距。从整体上看，我国传播媒体的传播效能依然较低，一是传播效益较低，二是传播内容的影响力偏弱。

（二）传播载体的传播内容文化内涵挖掘不够

在对外传播中，不仅仅是要将一个名词、一个文化符号翻译给外国人看，而且要传递文化注解，传播文化内涵。中国国际广播电台原副台长夏吉宣表示，文化的精髓由一系列的文化符号来表现，但对外话语的传递不能停留在简单翻译当中，要充分考虑到外语的语境语意。中外文化有很多层次的区别，但中外文化从整体上有着共同的价值观。中西方文化形态有很大的差异，但是价值观和伦理观上有很多相似之处，比如，中国传统文化讲究"仁""义"，信奉"己所不欲，勿施于人"的价值原则，而西方人也遵循"要想别人如何对待你，你就如何对待别人"的价值观念，这说明中、西方在文化价值观上存在共通点。类似的中西方文化共通点，我们还需继续整理、挖掘，为对外文化传播寻找突破口，创造新的文化形式。这种内容的选择与传播契合了国外受众的价值判断，所以，能在短时间内把中国文化传播出去，还能取得良好的传播效果。但是，目前我们的传播载体在对外传播中国文化过程中，对所传播文化形式的内涵，特别是与其他国家文化形式有相似的内涵的文化形式挖掘得不够。

（三）传播载体传播文化"走进去"的能力有待提升

20 世纪 50 年代，在周总理参加日内瓦会议期间，为传播中国文化、增进国外对中国

的了解，特意安排放映中国刚刚拍摄的彩色故事片《梁山伯与祝英台》，在打广告时，工作人员照搬原名，周总理看后改为《中国的罗密欧与朱丽叶》，这一小小的改动竟产生事半功倍的效果。这说明，文化对外传播，了解受众的接受习惯和文化背景非常重要，熟悉受众的文化背景和接受习惯是文化"走进去"的前提，文化走向世界的目的是让国外大众了解和接受本国文化，这是文化真正走向世界的基础。所以，文化传播载体传播文化"走进去"的能力的提升，需要研究国外大众的接受习惯和文化欣赏水平。今天，尽管我们为文化"走出去"投入了不少人力财力，但对提升我国国际文化竞争力的帮助并不尽如人意。世界各国的文化背景、价值观念有很大差异。传播载体把本国文化介绍给他国受众时，还没有充分考虑他国受众的情况，在文化节目"贴近人心""走进人心"方面还有很多工作要做。中国文化走向世界的终极目的是让中国文化真正"走进去"，而不是简单"送出去"，追求"走出去"的形式和数量。不考虑文化传播质量和文化传播效果的文化"走出去"，不符合文化走向世界的本意，因为这样的传播方式，只是具备了数量的概念，不能真正增强国外民众对中国文化的接受和认同。相反，不追求传播质量的文化传播，还可能会产生负面影响，有些国外民众平时接触中国文化机会较少，偶尔接触到较为简单、粗糙的中国文化内容，就会造成这些受众对中国文化的误读或误解。文化"走出去"后如何真正"走进去"。传播载体的"话语转换"非常重要，其目的，"是让我所讲的，能为他国受众接受，进而赞成我的观点，甚至追随我的步伐"，这是"讲好中国故事，传播好中国声音"关键所在。另外，文化"走进去"、文化交流不能狭义地理解为就是演出和展览，文化交流还包括思想、思维方式、生活方式的交流，因此，要充分发挥中国文化中心、孔子学院的作用。比如，针对不同的人群，有计划地举办一些专题讲座和论坛，深入到当地学校开办一些中国文化培训班，使文化传播工作常态化、本地化，这才是推动中华文化走向世界可持续、有效的途径之一。

（四）传播载体深层文化的传播力和影响力还不够

在国际文化竞争日趋激烈的新形势下，我国文化在对外传播中仍难以与西方发达国家比肩而立，我国的文化传播载体在对外文化传播过程中存在传播方式单向、传播区域局部和传播内容标签化的问题，导致我国的文化形象在国际上知名度和影响力不高，在较长时期内还停留在"脸谱化"阶段。我国诸多文化符号在世界范围已经具有一定的影响，但是深层次的文化理念和价值观的传播力和影响力仍有待提升。国际上起主导作用的价值观念，包括自由、民主、平等、人权、法治等，话语权仍然被西方掌握。这其中较为主要的原因在于，我国对外传播的各层次文化产品的质量还不尽如人意，尤其是反映当代中国发展面貌、当今中国人核心价值观和精神风貌的文化作品有限。文化产品作为文化对外传播的重要载体，其质量的高低，直接影响对外文化传播的效果。这里所说的质量，主要是指文化产品所包含的深刻文化内涵，对此，有学者就建议：要培育具有中华民族特色的文化品牌，就要把丰富的文化资源转化成文化产品，就要积极实施"走出去"的发展战略，就要立足于中华民族自身的传统文化的丰富积淀。

（五）传播载体传播中华文化的信心有待进一步提升

有些传播载体传播中华文化过程中担心遭受"中国文化威胁论"非议，对刚刚起步的中国文化走出去显示出了某种不安，总担心中国文化走出去会加重西方的"中国威胁论"意识，以致在行动上畏首畏尾，不敢理直气壮地推介中国文化。诚然，西方文化具有养尊处优的自我优越感，特别在当今中国复兴崛起的背景下，他们本能地对中国文化承载的价值产生了排斥，担心中国文化软实力的提高对他们形成威胁。其实，哪怕我们再小心谨慎，再低调内敛，也难以得到西方舆论的话语倾向，西方媒体对我国的偏执认识和曲解式、歪曲式的报道不会在短时间内改变，在西方媒体的声音里，中国威胁论、中国失败论、中国崩溃论的论调也不会在短时间内消失。既然如此，我们实在不用过于担心西方的应激反应，更无须按西方国家的好恶来行事。当然，在文化走向世界的策略上要更加讲究技巧，注意文化宣传的方式和推介手段，尽量减少敏感性话题和意识形态色彩，从中国文化的基本文化价值观和世界各国人民的基本价值共识入手，从贴近老百姓日常生活实际的民间文化入手，发挥中国文化攻心为上、以柔克刚的独特作用。避开西方对我国对外文化传播的无礼攻击。

三、跨文化传播视阈下中华文化对外传播载体的培育

（一）中华文化对外传播需营造稳定有利的跨文化传播环境

当前，我国的综合国力有了实质性的提高，经济基础、政治氛围、文化条件、国际关系等传播环境都处在不断改善的发展过程中，但是，就中国文化对外传播的目标来说，跨文化传播的整体环境，仍有许多需要提升的空间。目前，对于跨文化传播起基础性作用的是良好的经济环境和健全的制度环境。

1. 打造良好的经济环境

国家总体经济实力的增强，是为对外文化传播创造有利传播环境的有效途径。任何一个国家的文化产业和文化事业，都是建立在强大的经济实力基础之上的，文化的繁荣与影响力的提升与经济实力息息相关。经济的发展和实力的增强，可以建设强大的传播媒介，完善向海外传播文化的基础设施。近年来，中华文化在世界上的影响力大大提高，得益于一系列文化交流项目的得力推动，其中很多非营利性的文化传播组织起到了重要作用，比

如遍布世界的孔子学院，正大力建设的海外文化中心，留学生教育的支持计划，等等。这些非营利性的文化交流活动更加贴近民心，在文化"落地"上更有优势，然而这一切的背后需要强大的财力支持和资金投入来保障。经济实力的强大是一切发展的基础，经济实力的增强为中华文化走向世界打造技术含量更高、更加丰富和多样化的传播媒介，没有经济实力做后盾的文化走向世界将会非常艰难。因此，需要加强国家的综合经济实力，打造良好的经济环境，加大对跨文化传播事业的资金投入，为对外文化传播事业、为推动中华文化更好地对外传播，做好基础保障。

2. 建立完善的制度环境

制度建设是文化建设的基础，也是对外文化传播的重要保障，只有建设高效、合理的文化制度才能有力地促进中华文化对外传播。提高对外文化传播的重视度，将对外文化传播提升到国家发展战略的高度，制定和完善有利于对外文化传播的政策制度，促进中华文化对外传播，逐渐使国外受众接纳和认同中国文化，是当前中国文化对外传播重点任务。首先，加强顶层设计，统筹对外文化交流资源。在多元、多样的世界文化背景下，对外文化交流是一项系统工程，不仅实施主体多元化，而且交流渠道、方式、层次多样化，这就需要在更广范围、更高层面进行总体设计、统筹资源、整体推进和监督落实，形成完善、科学、有效的协调机制。其次，制定完善的政策和法规。政府要完善对外文化交流的配套政策，在金融、保险、外汇、财税、人才、法律、信息服务、出入境管理等方面，为文化企业开拓国际市场。完善对外文化交流立法，做到逐步与国际接轨。再次，建立以政府为主导多元参与的对外交流制度。中国文化对外交流长期以政府为主体，但是只靠政府主导，显然力量不足。应鼓励和发挥非政府组织、媒体、智库、民间机构、文化团体、社交平台和公众等参与到文化交流中来，形成多种传播载体融合、联动的强大力量，形成多渠道、多媒体、多方面的和全介质、全平台、全方位的传播合力，创造对外文化交流的广阔空间。最后，构建高效的文化传播机制。高科技条件下，新的传播方式层出不穷，应充分利用多样化新型传播方式，研究每种传播方式的特性，最大化发挥其传播效力，并根据现实条件和发展的需要完善配套机制，推动中华文化更有保障地"走出去"。

（二）跨文化传播视阈下中华文化对外传播载体培育策略

从跨文化传播的视角观察中华文化对外传播，其核心问题还是传播载体的培育问题，传播载体承担着把中华文化高效传播出去的重任，所谓高效传播出去，是把中华文化既要"送出去"，还要"送进去"，就是要使国外民众接受中华文化、认同中华文化，进而接受、认同中国的经济、社会发展模式和中国的文化价值观，为我国的经济社会发展创造持久的良好外部发展环境。

1. 传播载体应遵从跨文化传播规律

在跨文化传播过程中的传播载体应树立尊重跨文化传播发展规律的传播理念。在人类发展历史上，文化的形成是一个缓慢的过程，在文化的形成过程中，缓慢形成了人的认识、判断和接受习惯，所以，让生活在一种文化环境中的民众接受另外一种文化同样也是一个相对缓慢的过程。文化的传播不同于经济、政治和军事影响力的硬性实施，它是一种软性的、浸润性的传播过程，讲究娓娓道来、潜移默化、稳步前行，忌讳强势突击、急功近利。因此，对外文化传播是一个长期的、潜移默化的过程，急于求成、不考虑传播效果，一味追求经济效益的传播方式无法达到长期、深远的传播效果。

2. 积极培育多元化的跨文化传播"中介"

大力发掘多元化的跨文化传播者与中介者，对于当代的跨文化传播有着重要意义。发掘文化传播中介者的"文化带路"作用，为跨文化传播提供推动力。大多数跨文化传播的中介，往往扮演着受众与传播者两种角色，并在不同的传播环境中进行转化。大量发掘、培育可承担"文化带路"工作的来华工作人员。随着中国改革开放的深入，对外经济贸易、文化交往的程度不断加深，国外来华工作人员逐年增加，做好来华工作人员的工作，给予来华工作人员一定程度的服务与支持，为其在华生活、学习、工作等提供便利和保障，充分发挥其传播中国文化的作用，来华工作人员可以成为向其母国传播中国文化的天然"带路者"，为中国文化的对外传播注入新鲜的传播中介力量。比如外国使领馆馆员及工作人员、海外留学生、外国商人、海外友好人士、海外侨胞等，甚至也要适当关注来华旅游的外国游客。推进文化对外传播的"落地"实践，在海外培育可能充当文化传播的中介者。文化"落地"是文化走出去的基本目标，实施文化对外传播战略，让国外民众熟知本国文化，最关键的方式就是使传播出去的文化切近当地民众的生活实际，融入当地民众的日常生活，具体实施途径有：加强与传播国地方政府的合作，联系基层社区组织、学校、与地方媒体建立友好合作、交流关系，为我们在国外开展跨文化传播寻求切近基层的帮助和支持；深入当地居民生活，融入基层民众日常生活实践，零距离地接受当地民众。

3. 对外汉语教学应注意教学方法创新

要提高汉语的国际声望，实现中文信息的全球性传播与分享方面，促进中华文化对外传播，语言教学的传播是关键的传播方式之一。对外汉语教学是针对国外汉语学习者的语言教育活动，汉语是国外汉语学习者的第二语言，根据这一特点，其教学内容的规划也较为特殊，主要是通过语言的教学，传播中国文化。受教育者也是通过语言的学习，了解中国文化，所以，这是一个跨文化的交流与学习的过程，语言教育作为文化交流与传播的主要载体，需要掌握语言传播载体传播文化的方法。从整体上说主要须注意以下几种方法：首先，根据不同文化背景的学生，选择不同的教学方法。文化背景不同，学生的认知、接受习惯就不同，所以，教学方法需要有针对性，具体来说，就是要重视共同文化背景的学生的共性和不同文化背景的学生的"个性"。其次，根据不同的学习目标，选择不同的教学方法。国外汉语学习者，为了不同的目的来学习汉语，有些是由于工作的需要，对这些学习者，教师要注重其语言表达能力培养与提高，并侧重交际文化的渗透；有些出于个人爱好，本身对中国语言文化有着强烈兴趣，对这些学生而言，采用多样化的教学手段、平台，以兴趣学习为主；有些学生是为在中国接受高等教育、知识深造，教师要巧妙地把语言知识与文化教学结合在一起，从而使其产生更强的学习兴趣。再次，严格要求对外汉语教师的文化素养。作为对外汉语教学的教师，必须具备世界文化、民族传统、历史等多方面的基本知识素养，对学习者所在国的宗教、历史、思想、文化、风俗等也要进行研究，尊重学习者的文化风俗习惯和宗教信仰，只有这样，才能提高教学效果，才能提高教学水平，才能真正做好对外汉语教学工作，发挥好语言教育作为文化传播载体的重要功能。

4. 充分发挥网络媒体的跨文化传播能力

网络新媒体是中华文化对外传播的重要传播载体，加强网络媒体的培育，充分发挥网络媒体的跨文化传播能力，将网络媒体的文化传播能力最大化，是传播载体培育的重要任务之一。

首先，提高掌握网络"话语权"的能力。掌握话语权意味着占据国际制高点，能就在国际舞台上占据主动。推进中国文化对外传播，增强中国文化的国际话语能力非常关键。阿特休尔说："新闻就是力量，为了取得权力、维护权力，就必须控制新闻传播工具"，"新闻媒介是社会控制的机构"①。目前，网络空间已经成为国际争夺的新兴"舆论场"，是国际话语权舞台上的主角之一，网络承载着中国争夺话语权、提升国家对外文化传播能力的重大使命。所以，我国"要把提高舆论引导能力放在突出位置"，积极主动参与国际网络舆论议题设置，引导舆论，营造对我国有利的国际舆论环境，逐步消除西方国家对我国的"抹黑"，摆脱被西方大国"叙说""定位"的局面，掌握对外话语主导权。

其次，科学谋划我国对外网络文化传播的战略。网络文化传播战略是国家文化战略的重要组成部分。在文化竞争日益激烈的网络世界里，中国应根据网络文化发展趋势，尽快从国家层面制定出具有统筹性和前瞻性的中国互联网文化传播战略。只有这样，才能够极大地利用网络作为中国文化传播的载体。第一，制定科学的国家网络文化发展战略。文化的振兴和输出关系到国家的强大和民族的未来，而互联网是文化传播的重要载体和平台，因此，国家必须把振兴网络文化和对外文化传播提到民族命运的高度，纳入国家发战略，制定出既符合国家大的文化传播战略，又具有中国自身特色的网络文化发展战略，为中国文化走出国门，参与网络文化交流，影响世界提供行动指南。第二，正确谋划网络文化传

---

① ［美］J. 赫百特·阿特休尔：《权力的媒介》，黄煜等译，华夏出版社，1989 年版，第 6 页。

播的策略。当前中国的网络文化发展的策略应包括：一是文化力量整合策略。网络文化的主体是多元化。因此形成"统筹协调、责任明确、功能互补、覆盖广泛、富有效率"的对外传播大格局，有利于中国网络文化"走出去"。二是网络文化扩展策略。在西强我弱的国际传播格局下，积极实施积极的文化防御，固然有利于拒敌于国门之外，但网络文化的"全球性"存在，决定了中国不能做被动的适应者，必须在战略上积极争取主动权。依靠多种传播能力和手段，去维护和拓展国家战略文化利益。在此基础上，制订"互联网+"行动计划，推动移动互联网、云计算、大数据的结合，促进综合性网络文化传播平台建设，从顶层设计层面制定国家的"互联网+文化传播"发展战略，推动尽快出台"互联网+文化传播"健康发展的指导意见，在技术、标准、政策等多个方面实现互联网与文化传播的充分对接。

2021年9月26日，第八届世界互联网大会在乌镇举行，与会嘉宾2 000多名，来自120多个国家和地区，其中有20多个世界重要国际组织的负责人，300多位网络公司领军人物、互联网名人、专家学者，大会主题涉及网络空间各个领域。大会的召开体现了我国在互联网战略上的成就。与会学者指出：北京正日益把数字技术作为其远景目标的关键组成部分，并积极推动这一领域的创新，以确保其经济地位，不论如何，腾讯、阿里巴巴和百度等中国技术巨头在全球的成功，应该让我们质疑"中国仅仅是在抄袭西方技术"的陈腐观点。中国正日益处在尖端技术和网络创新的最前沿，该国的巨大体量和经济力量使它能探索一些常常没人去检验的创新方法。中国推动网络主权的行为应该被视为北京经过深思熟虑后发起的权力攻势，其目的是抓住当前全球互联网的转变时刻。联大最近通过的一份文件在提及互联网治理时纳入了"多边"一词，这折射出中国在全球网络舞台上势力日增，也意味着它可以左右未来治理并塑造全球互联网的方法。

再次，积极培育新兴网络文化传媒，提高对外传播能力。第一，用高新技术改造传统文化传媒产业。在信息化浪潮中，要真正把握文化交流、传播的战略主动权，就要善于利用网络新兴媒体即时性、快捷性、互动性的特点，推动文化生产方式、营销方式、传播方式的创新，提高中国文化传播技术和媒介的信息化水平，改造、带动报纸、广播、电视等传统媒体的换代升级，以进一步提升中国网络媒体的国际传播能力和服务水平，使其快速发展成为中国对外文化传播的窗口。第二，着力培育网络文化传播平台。"从狭义理解，网络文化是指以计算机互联网作为'第四媒体'所进行的教育、宣传、娱乐等各种文化活动；从广义的角度来理解，网络文化是指包括借助计算机网络所从事的经济、军事、政治活动在内的各种社会文化现象"。积极参与世界文化的交流传播，是中国网络文化建设的重要使命。紧紧抓住互联网普及和信息技术提升的契机，将优秀中华文化数字化、网络化、多媒体化，已成为中国网络文化建设的当务之急。一是要加强网络文化阵地建设。要充分发挥政府在中华文化网络传播中的主导作用，按照"积极发展、加强管理、趋利避害、为我所用，努力在全球信息网络化的发展中占据主动地位"的战略要求，精心选择，重点突破，建立、培育一批以研究和传播中华文化为主要任务的网站、节点，逐渐增强传播中华优秀文化的力量，以扩大中华文化在世界的影响力。二是要加强网络文化窗口建设。要加快推进网上图书馆、博物馆、演艺中心、剧场等大众文化服务平台的建设，使网络文化发展成果更好地惠及大众。

最后，大力发展社交自传媒产业。要积极开发政府自媒体建设，占领自媒体文化高地。自媒体用户，人数众多，力量庞大。在自媒体时代，充分发挥和利用国内自媒体用户对外传播中国文化，有利于扩大中华文化的受众面和覆盖率，扩大中华文化对外影响力和号召力，用自己的思想观点去直接影响作为受众身份的文化"粉丝"。借助自媒体平台，传播中华文化，使自媒体逐渐成为中国抢占国际话语权的舆论高地。

5. 培养高素质的对外传播人员

目前，我国具备跨文化交际能力的人才严重缺乏，相关部门的很多涉外文化交流人员跨文化交际能力偏低。中华文化对外传播，传播人才是关键的推手，文化传播人员的跨文化交际能力不足，对于对外文化传播来说是一个严峻而棘手的现实问题，直接影响了对外文化传播的效果，所以，培养一批既熟悉世情、国情，又有丰富的国际交往知识，精通外语，熟悉世界形势，并掌握国际文化传播规则的专业人才是推动中华文化对外传播的必然要求。要制订跨文化传播人才培养的计划，加大对人才培养计划的支持力度，形成高水平翻译人才加入机制，通过体制机制的力量吸引优秀人才加入翻译队伍，为中国对外文化传播积蓄人才，因此，培养和挖掘这方面的人才是必要而迫在眉睫的任务。加快培养一支有较高素质、德才兼备、精通业务、高效精干、结构合理、规模宏大的对外文化工作队伍（包括语言翻译专门人才）才是关键。

另外，推动中华文化对外传播，在对外传播人才的培养中，应特别注意翻译人才的培养。文化作品及文化作品翻译质量的高低决定了对外文化传播的效果，中华文化对外传播离不开翻译作为中介所起的作用。故而，我们认为，中华文化对外传播能"走出去"多远、"走出去"多好，从根本上决定于翻译的质量和传播效果。语言翻译不仅仅是不同语言之间简单的符号互换，还应包括语言本身所包含的语义情景和文化价值。这一点对于跨文化传播尤为重要，特别是来自不同语系，语境又有高低区别的语言，准确的翻译更为重要，作为翻译主体的语言翻译工作者的素质直接决定着跨文化传播的效果。故而，语言翻译工作者要有双向语言功底，熟知文化主体国双方的文化，还要切合翻译的目的与需要，符合传播对象国或地区民众的接受习惯和认识水平，对源语文本以正确的文化洞察力进行解码。

第五章

跨文化传播视阈下中华文化对外 传播的受众分析

文化对外传播的效果是建立在对受众对象的了解、适应的基础上的，所以，在中华文化向世界传播的过程中，必须分析传播对象、尊重传播对象、适应传播对象，分析传播对象所处的文化环境，分析传播对象之间的差异，针对不同的传播对象，采取不同的传播策略，以适应、满足他们的文化接受习惯，提升我们对外文化传播的效果。

一、中华文化对外传播的目标受众

传播学理论认为，传播的过程实质上是一个由传播主体（传播者）运用共同享有的符号、系统、媒体（媒介），将信息传递给传播受众（传播客体、传播对象），并接受其反馈的过程。传播受众即信息接受者（信息传播的对象），信息只有被接受者接受才是完成传播者与接受者之间的信息共享与沟通"传通"的过程。① 因此，对传播受众的研究，应先确定谁是接受信息的对象，再区分信息接受对象的个体差异。一般来说，信息接收者是指接收信息的主体，可以是个人、群体、组织或国家。

（一）中华文化对外传播目标受众的选择

作为人类社会的基本实践活动，对外文化交流是以文化价值关系为媒介的不同主体之间的文明交往过程，因此，对外文化交流是以不同文化的多样性为前提和存在条件的。世界文化多样性是一种客观存在，中华文化走向世界传播受众的选择是以世界文化的多样性为依据的。文化，就其根本意义而言，是生活在特定地域的人们在一定的时空范围内改造

---

① 张国良：《传播学原理》，复旦大学出版社，2005 年版，第 180 页。

客观自然世界和人类活动的精神产物和结果。时空范围是具体的、历史的。按照马克思主义人类学的理论，空间主要包含着自然空间、社会空间和历史空间。这三重空间是联系在一起的，构成了人的活动空间的总体。而根据地理空间理论，由于地形地貌、地理位置与社会环境的不同，一定的自然地理生态环境既造就了这一民族特定的思维方式和生产、生活方式，也形成了与这一生活方式相应的心理认知和文化价值取向。

文化是以不同的民族、国家和地理区域来分布的。正如一个社会人无不属于某一民族、国家一样，任何一种文化也无法脱离某一民族而独立存在。每个民族都有与其历史发展相映衬的自己特有的文化形态和个性。从一定意义上讲，文化就是民族，民族就是它的文化。文化与民族是同一的。正是由于作用与影响人们的历史实践活动和人们现实生活因素的多样性与复杂性，导致了文化存在的差异性和世界文化的多样性。

关于文化的多样性，学界的认识有所不同。联合国教科文组织通过的《世界文化发展十年》的研究报告，将当代世界文化划分为八个文化圈：一是欧洲文化圈，二是北美洲文化圈，三是拉丁美洲与加勒比地区文化圈，四是阿拉伯文化圈，五是非洲文化圈，六是俄罗斯和东欧文化圈，七是印度和南亚文化圈，八是中国和东亚文化圈。美国哈佛大学学者塞缪尔·亨廷顿在其专著《文明的冲突与世界秩序的重建》一书中，对当今世界文化做了这样的划分：一是中华文明，二是日本文明，三是印度文明，四是伊斯兰文明，五是西方文明，六是东正教文明，七是拉丁美洲文明，八是的非洲文明。中国季羡林、汤一介等学者则认为当代世界文化分为四大体系：一是中华文化体系，二是印度文化体系，三是阿拉伯文化体系，四是欧美文化体系。不同的文化圈或文化体系，有着不同的文化接受规律和习惯。

多样性的文化孕育了不同民族、国家不同的思维方式、生活方式和价值取向。也就是说，不同的文化，无论是文化传统和风俗习惯，还是思维方式、信仰理念和道德规范、文化伦理等都表现出不同于其他文化的独特、丰富的个性和鲜明的差异性。以东、西方文化圈为例，西方人和东方人在思维方式、生活方式、价值取向、信仰理念、道德规范方面存在明显差异。李大钊在《东西文明根本之异点》一文中，对中西文化做了十分系统的比较分析。他把西方文明和东方文明的根本特性概括为"动的文明"和"静的文明"，认为东西文化："一为自然的，一为人为的；一为安息的，一为战争的；一为消极的，一为积极的；一为依赖的，一为独立的；一为苟安的，一为突进的；一为因袭的，一为创造的；一为保守的，一为进步的；一为直觉的，一为理智的；一为空想的，一为体验的；一为艺术的，一为科学的；一为精神的，一为物质的；一为灵的，一为肉的；一为向天的，一为立地的；一为自然支配人间的，一为人间征服自然的。"不但属于不同文化圈的文化之间存在很大差异，即使是同属同一文化圈的文化之间，差别也是很明显的。中华文化对外传播需要研究不同的文化圈和文化体系的差别，实行差异化的、有针对性的文化传播策略。

（二） 中华文化对外传播的受众差异化传播理念

1. 区域差异化传播理念

我们不能认为中国文化走到世界哪个角落都是一种方式、一种内容，一刀切是来不得的。事实上，世界各国国情差异很大，与中国的关系有疏有近，情况千差万别。如果忽视了异国文化的多样性，采取一刀切的方式，那么结果一定不会如愿。

第一，在属不同文化圈层的国家，中国文化传播是存在差异的；第二，即便属于同一文化圈层，国与国的差异也较为明显；第三，在同一国家，物质文化和精神文化在传播效果上存在差异。因此，中国文化走向不同的国家，在方式、内容上都应是不同的。但是，我们也没有必要对世界上的所有国家都展开具体、详尽的研究，因为这在人力、物力、财力上都是不允许的。我们可以选取富有代表性的具有共性的几个区域加以研究，譬如阿拉伯国家、欧美发达国家、亚洲儒家文化圈的国家就可视为富有代表性并具有共性的区域，这些国家具有相似的地理位置、相似的文化背景，讲同一种语言，大体信仰同一种宗教，其公民在思想、行为特征上与其他地域的人群相比具有较强的趋同性。所以，对外文化传播针对不同地区要有不同的策略，比如，针对非洲国家的文化传播，可以把40多年来我国改革开放和经济发展的成就作为宣传重点，进而带动中国文化在非洲国家的传播。实践证明，这种方法是有效的，如"中国模式"已经被许多非洲国家借鉴，中国文化在非洲的传播，疑虑和误解也远远少于其他地区；针对西方发达国家的文化传播，可以着力展示中国博大精深的优秀传统文化，宣传中国的普适价值观，介绍中国人民勤劳、善良、爱好和平的品格，以求得西方民众对中国文化的认同，进而理解、接受中国的经济、社会发展模式；对亚洲儒家文化圈国家的文化传播，可以强调共同的文化价值观、共同的文化习惯。"没有调查就没有发言权"，要了解各个对象国或者对象地区的特点，而且一定要基于文化传播对象国或者对象地区的基础数据调查之上进行科学决策。

所以，从传播过程中传播受众的地位来看，传播受众（对象）并不是只是被动地接受信息。传播过程是由传播主体（传播者）和传播受众两个层面组成的，传播者提供信息，传播对象依照自己的价值判断和意愿选择信息。由此，传播主体在传播文化过程中：首先，要符合传播受众的接受习惯，选择传播受众能顺利接受的视角和表达形式；其次，尽可能地以与传播对象趋同的观念和思想，来阐释新闻及其背景；再次，尽可能地以传播对象可理解、可接受的程度，来选择文化内容；最后，要把自己摆在与传播对象平等的地位上来传播文化。

2. 文化融合发展理念

我们要在承认差异、主张多元的基础上寻求互补、增进互信，既传播自己的优秀文化，也吸收他者的优秀文化，在"共融"的基础上实现"共荣"。所谓"共融"，是文化之间的相互借鉴和互通有无，彼此形成"你中有我，我中有你"的状态，互相吸收那些最富营养的文化因子，从而实现互补和互鉴。"共融"是一种文化调适、提升的过程。因此，"相互影响的两种文化，通过冲突与融合的过程，最后既保持各自特性，又互相适应，并且互相融合，进入高一层的文化领域。"① 其实就是在对话中吸收对方文化中的精华，学习对方好的做法，以提升自身文化的内涵，最后进入"高一层的文化领域"。所谓"融合发展"，就是文化之间在"共融"的基础上，互补互鉴，形成各自蓬勃的发展态势。如果没有文化间的互补互鉴，文化本身是难以繁荣发展的。

不同文化之间交流已被多次证明是人类文明发展的里程碑，如希腊学习埃及，罗马借鉴希腊，阿拉伯参照罗马帝国，中世纪的欧洲又模仿阿拉伯，文艺复兴时期的欧洲则仿效拜占庭帝国。所谓"一花独放不是春，万紫千红春满园"说的就是这个境界。由于各民族的文化存在差异，世界才丰富多彩。又由于世界文化的差异，彼此才需要交流，在交流中形成互补。如果跨文化传播者或跨文化外交者总是以一种强势而不是平等的心态，那么结果也一定不会如意。文化与文化之间要学会相互欣赏、平等对话。要让对象国民众在欣赏中接受你的文化，而不是强迫、征服。因此，向世界推介中国文化不仅要注重数量，更要注重质量。如果没有质量的提高，过多过滥有时反而会起到反作用。文化部外联局的官员曾说，如今中国文化走出去并不难，难的是如何吸引引到当地各个阶层，用质量赢得观众的心。

（三）中华文化对外传播应侧重向普通民众传播

文化对外传播本身不是目的，而是为了更好地为国家的发展营造良好的外部环境。跨文化交流学理论认为，文化交流包括政府间的交流、学者间的交流和普通民众间的交流三个层次。普通民众间的交流是最广泛、最基础性的文化交流，因此，对外文化传播的重点是让普通民众了解和接受中华文化，这样中华文化对外传播才会更有效果。著名学者郑永年说过，如果一种文化要成为"软力量"，"这种文化必须能够让'他者'信服、信任。如果'他者'对这种文化不能信服，不能信任，那么便是没有软力量"；"也是更为重要的是，'他者'能够自愿接受这种文化。这是软力量的本质。"而这种'他者'的信服、信任，正是民众为基础和主要群体的信服、信任。曾有学者感叹：中国文化走出去并不难，难的是走进去。中国文化对外传播谈得最多的便是前者，对于后者谈得较少。走出去是站在传播者的角度看问题，是指传播的方向；而走进去是站在受众的角度看问题，是传播的效果。中国文化不仅要有信心走出去，还要有能力"走进去"，让中国文化在当地落地，即深入人心。我们不仅要注重形式上的走出去，还要注重理念上和价值上的"走进去"。而倾向于普通民众的文化传播方式，恰恰是文化"走进去"的良好切入点，选择恰

---

① 张岱年，汤一介：《文化的冲突与融合》，北京大学出版社 2017 年版，第 115 页。

当的传播策略和方式，会起到事半功倍的文化传播效果。

当前，中华文化在国际上的认可度逐年提高。中国文化向周边及世界其他地区的传播、辐射越来越广，中国的文化产品和文化服务在国际文化市场中的受欢迎程度和市场占有率越来越高，中国价值越来越被认可，中国模式越来越被接受，中国贡献越来越成为国际社会热门话题，这不能不说是进入 21 世纪以来，我们重视向普通民众传播中国文化的结果。

二、中华文化对外传播的受众定位存在的问题

（一）并未精准识别受众对象的文化差异

当前，我们的传播媒体在对待不同文化圈、不同民族和种族的文化背景差异上区分得还不够，使得文化走出去的效果大打折扣。从文化对外传播的内容选择看：以中国饮食文化为例，中国饮食文化博大精深，派系纷呈，讲究选料精良、做工细巧。在选料上，"无所不用""无所不吃"，而世界上很多国家在饮食上或多或少都有一定的忌讳，如加拿大人偏爱甜食，忌食虾酱、鱼露、腐乳以及怪味、腥味的食物和动物内脏；美国人饮食上忌食各种动物的五趾和内脏，一般不吃过辣食品，不爱吃肥肉，不喜欢清蒸和红烩菜肴；日本人一般不吃肥肉和猪内脏，也有人不吃羊肉和鸭；波兰人不吃酸黄瓜和清蒸的菜肴；对于穆斯林来说，禁忌吃猪肉、狗肉、驴肉、龟、鳖、自死之物、动物的血和非按教规宰杀之物。因此，不加选择地把中国饮食文化任意传播到各个国家和地区，且不考虑当地的饮食习惯，就会引发各种问题和纠纷，必然对中华文化走出去产生消极影响。再如，中国的吉祥文化，其中，"鹤"是长寿的象征，在日本也是幸福的象征，但在英国却被视为一种丑陋的鸟，在法国又变为懒汉和淫妇的代名词。如向英国、法国传播我国的"鹤"文化及文化产品，后果可想而知。

从文化对外传播的方式方法来看：有的国家适用于文化贸易的方式，如中国文化走进欧美国家；有的国家和地区则在当前阶段尚不适用大规模文化贸易的方式，如中东阿拉伯国家。为什么阿拉伯国家不适用于大规模文化贸易的方式呢？一是，阿拉伯人的整体文化素质有待提高，对于大多数阿拉伯人来说，他们通常迫于生计压力，无暇顾及精神文化层次的需求；二是，阿拉伯国内的文化市场并不成熟，没有与国际接轨；三是，从阿拉伯的民族感情来看，他们不希望通过购买的方式来获取他国的文化产品，如果能"吃上免费文化大餐"，他们倒是很乐意的。当然，还有一个最主要的原因是中国与阿拉伯国家开展文化交往的目的不是通过文化贸易赚取了多少钱，而是通过文化交流提升政治外交互信，进而提高中国与阿拉伯国家在其他经贸领域的合作层次。因此，不能在文化走出去时只考虑

经济利益。

对外传播的文化应有所选择。一个民族的文化具有一定的独特性，不同文化之间的传播与交流或多或少存在跨文化的问题，这是因为：第一，一个文化群体中的所有成员具有共同的认知结构（其核心是世界观和价值观）、共同的社会规范（行为准则）、共同的社会组织（从家庭到政府）和共同的语言。换言之，文化是每一人类群体的"灵魂"。第二，文化是人类在进化发展过程中创造和发展出来的，因此有继承性，并在一定历史时期形成传统。第三，文化有民族性。所以，并不是所有的文化元素都适合对外传播。越是普适的、符合普遍市场需求的，才越是国际的。而且，从跨文化传播的角度来说，不同国家对异族文化的认知、理解和接受程度存在一定的差异。曾长期从事对外传播工作的沈苏儒先生就指出，并非所有的中国文化都值得拿出去给世界各国的人看或听，我国在对外传播中国文化的时候应该有所选择和侧重，需要根据跨文化传播和对外传播的规律选择合适的内容。

（二）并未精准识别受众对象的接受习惯

对外文化传播的终极目的是文化传播中的有效性。如果有效性未能实现，那么对外文化传播基本上就失去了价值和意义。对外文化传播有效性的前提是对传播媒体和传播受众的"认知力"。但是，我们在对外文化传播过程，在对受众对象的认知上，还存在很多"盲点"和"误区"。长期以来，我国文化传播似乎很难改变过去习惯的文化宣传模式，这些计划经济年代形成的文化宣传套路，显然已不再适应新时代文化传播的规律。当今时代，受众对象的素质大大提高、诉求也不再单一，已经不再被动地接受传播信息，而是主动去分辨、评价、筛选信息，参与热情大大提高。而我们有些文化传播部门摆脱不了旧有宣传模式的弊病：还是习惯于单向的宣传方式，不考虑传播对象的感受，缺乏双向传播思维；还是习惯于讲授宏大的集体叙事，显得空洞、虚假，缺少个体叙事以及贴近民众、贴近生活的情怀；习惯宏大话语，缺乏民间话语；较多正面宣传而非负面宣传。

主要表现在：首先是把"正面报道为主"理解为"报喜不报忧"；其次是感情色彩太浓、过分夸张，片面强调一点而不顾及其余。在中国的对外宣传中，宣传工作者常常习惯于在反映成绩时意图太露，直奔主题，以点带面，以偏概全，让人一眼就看出其强烈的"宣传味"。中国国内的受众对于这种传播思维、传播方式和传播内容已经习以为常、司空见惯，但是，境外受众则难以接受，尤其是当内容中过多袒露"官方"立场的时候更是如此。这种在"传播"与"宣传"观念上的混淆而造成"对外"与"对内"的模糊不清，首先会有损传播的效果，长此以往，他们自然就会形成中国媒体负面刻板的形象。传播者很容易觉得自己是政府的代表、发言人，这自然会让海外受众感觉到媒体缺乏独立性，更无公信力可言。

（三）对受众对象缺乏精准引导

中国文化要走进其他国家民众的视野和生活，无疑需要考虑他们的思想、心理、思维模式和消费习惯，尽量实现走出去过程的"本土化"。但是，这绝不意味着放弃中国文化的特有基因和价值符号。如果一味为了电影票房、产品销路把中国文化改造得不伦不类、低级趣味，则其后果要么自降身份被人看轻，要么被植入西方意识形态，在文化上停留于当西方的跟班。如果一味迎合国外受众好奇心和便于传播，长时间传播中华文化的表层文化符号，也不利于国外受众对深层次中华文化内涵的理解。中国文化要想在世界上发挥重大的影响力，也不能简单地依靠诸如剪纸、方块字、唐装汉服、功夫、杂技、京剧、舞狮以及各种民俗表演等文化符号，更不能迎合西方丑化中国的需要和部分西方受众的猎奇心理，丑化、异化中华文化。应当挖掘中华文化宝藏中的深层的文化内涵、阐释中华文化精神层面的人生观和世界观，加以对外传播，积极引导国外民众关注中华文化中伦理道德、处世哲学等富有中国特色的层面，这是中华文明绵延至今的根本，是当代中国持续发展的活力之源，也是人类共同的文化财富。总之，一味地迎合外国人对中国文化的"猎奇"心理，偏重于迎合对方的喜好，肯定不是中国文化对外传播的合理策略。

三、跨文化传播视阈下文化对外传播的原则

中华文化对外传播的基本原则是按照一定的战略思想和战略理论所确立的指导战略行动的准绳和法则。战略原则主要规定战略作战的基本方式、方法和行动规范。既然战略原则是为了达到一定的战略目的而实施的行动纲领，那么不同的战略目的要求的战略原则必然是不同的。也就是说，有什么样的战略目的就会有什么性质的战略原则。具体到对外文化传播活动中，发展中国家的对外文化传播原则一定有别于发达国家，社会主义国家也必然迥异于资本主义国家。中国对外文化传播的目的是在保持本民族文化生存空间的同时，通过不同文化间的交流，互通有无，取长补短，增进不同国家间的了解和友谊。因此，在对外文化活动中，中国奉行"和而不同"的原则：一方面，坚持文化的共生性和共存性，主张不同文化"各美其美，美人之美，美美与共，天下大同"。既反对一方消灭另一方，也反对一方同化另一方。另一方面，坚持"兼容并包""己所不欲，勿施于人"的价值追求，主张对由于文化差异而引起的文化冲突应通过不同文化间的平等对话和沟通来解决，在求同存异中达到"和"的目的。具体来说，实现文化走向世界目标，除了国家应给予必要的经济、政策扶持外，也应遵循以下几条主要原则：

（一）区别对待原则

针对处于不同国家文化的受众，采取不同的文化传播策略，"广播"与"窄播"相结

合。约瑟夫·奈指出，软实力传播既要"广播"（Broadcast），又要"窄播"（Narrow-cast），① 即从针对"大众"变为针对具有更多共同特点的"小众"。可以认为，对处于不同国家文化的受众进行有针对性的传播，也是"窄播"的一种。当然，还应该认识到，即使是同一国家文化中的受众，也还有不同，所以，文化对外传播要结合不同国家、地区，不同受众（包括受众收入、年龄、教育、性别、婚姻、职业等的不同）实施有差别的传播原则。另外，向国外传播中国文化，还要考虑传播对象的差异，世界上民族众多，文化形态各异，针对不同的传播受众，应适用有针对性的、有区别的传播原则，这样充分照顾到了民族不同、国家不同、地区不同的文化差异。所以，尊重文化差异，挑选文化传播内容，实行差异化传播，从而达到文化信息传递的目的，提升我国文化在国外的影响力。

（二）贴近受众原则

在不同文化环境中的传播受众在看待同一文化信息和文化现象时，所产生的结果是不一样的。对外文化传播的目的是使传播受众接受传播者传送的文化信息，如果这个传送过程，所选择的文化传播内容，不贴近当地受众的认知和接受习惯，将会造成传播出去的文化水土不服，即使是再好的文化表现形式，也不会有太好的传播效果。所以，对外传播中华文化时要贴近国外民众的生活，符合他们的文化习惯才会收到良好的传播效果。比如，拿京剧和昆曲对比，很多外国民众，可能会更喜欢昆曲，虽然都是中国传统民族文化，因为表演形式的差异，后者的表演形式更受欢迎，所以，在对外文化传播过程中就可以多增加昆曲的相关内容。

（三）层次原则

从传播的角度来考虑文化的分层，有学者根据文化传播对象的层次将文化分成五层：高雅文化；中上层文化；中下层文化；下层文化；准民俗下层文化。约瑟夫·奈在阐释软实力概念的过程中也认为，文化可分为两类，一类是雅文化，即"迎合社会精英品位的阳春白雪型，比如文学、艺术"；一类是俗文化，即"侧重大众娱乐的通俗文化型"。对于对外传播而言，就是要通过"雅"和"俗"两条途径传播文化的核心价值观，从而在不同的目标群体中宣传中华文化。中国文化的传播也可以考虑走"俗"与"雅"相结合的路线：既要顾"俗"也要有"雅"。"俗"是指文化是否与大众结合的问题，是否为大众所理解、接受，受体是大众而不是某一个特定群体；"雅"是指选取中国文化中高雅的部分，代表了中国文化的价值追求、价值理念，是其他文化群体尊崇、向往、追随的部分。总之，"俗""雅"相结合的传播原则就是用通俗易懂的形式、语言，表达、传递"雅"的信息，同时主动照顾国外受众的认知水平和接受程度，这应该是中华文化向国外传播的

---

① ［美］约瑟夫·奈：《软力量：世界政坛的成功之道》，吴晓晖、钱程译，东方出版社，2005年版，第11页。

可持续性的策略。

（四）增进理解原则

由于政治观念、文化传统和经济发展水平之间的差异，世界上，国与国之间在文化观、价值观与行为习惯、处事方式上有着明显的不同。这些差异阻滞了跨文化之间的交流与传播，根据跨文化传播理论中"文化鸿沟（culture gap）"和"文化震撼（culture shock）"的解释，在不同文化背景下的不同文化形态之间存在巨大的文化反差。"文化鸿沟"是指文化之间的差异；"文化震撼"是指个体在了解了他国文化后受到的冲击和震撼。所以，中华文化走向世界过程中需要克服文化鸿沟困局，尽最大可能减少文化震撼，在对外文化传播、对外报道中树立面向对象国受众的观念，增进理解，促进中华文化对外传播。

跨文化传播视阈下文化对外传播的域外启示

自对外传播出现以来，对外传播系统的发展都是由世界上军事、经济和政治强国来决定的。事实上，当前的对外传播系统依然是由强国决定的，对外传播呈现出"美英垄断、西方主导"的格局。美、英、日等国家的对外传播能力处于主导地位，并在未来较长的时间内，这种主导地位难以发生颠覆性改变。它们依靠强大的对外传播能力，构建了全球范围内的文化软实力，增强了国际影响力。中国加强对外传播能力建设，需要汲取国外成熟的发展经验，借鉴国外发展的有益成果。以美、英、日等国对外传播能力建设为案例，重点分析跨文化传播视角下的对外传播能力建设，有助于为中国对外传播能力建设提供经验参考。

一、美国文化对外传播能力建设

美国是国际传播霸权国，在当今国际传播格局中占据着垄断地位。凭借强大的国际传播能力，美国积极推进文化的国际传播，从而提升了国家形象和对全球的影响力和号召力。也即，美国国际传播能力建设始终围绕着"普世价值观"，增强其文化吸引力，塑造文化软实力。在中国文化对外传播能力建设过程中，美国是最重要的参照系，其在国际传播能力建设方面的经验值得中国学习和借鉴。

（一）文化内容建设以共同价值观为核心

文化内容是国际传播能力建设的重要内容，也是文化软实力的重要来源。美国在国际传播能力建设中特别重视文化内容建设，以推进文化国际传播，塑造国家形象，提升对全球的影响力和号召力。美国文化建设内容丰富，但主要是围绕流行、思想和价值文化建设等方面推进文化建设。

1. 具有全球影响的流行文化建设

流行文化是美国重要的软实力资源。流行文化具有广泛的吸引力和政治效应，在流行文化的作用下，美国被描述为"令人兴奋、充满异国情调、富有、强大、引领潮流——处于现代化和创新的前沿"，是令人向往的地方。[①] 美国流行文化建设主要体现在时尚、快餐、消费、电视广播、好莱坞、互联网、流行运动、摇滚音乐、语言和高等教育等诸多领域。具体而言，一是反映生活的流行文化建设。自二战以来，美国向全球提供了自由、休闲、活力、解放、现代、朝气勃勃的流行文化，这些流行文化主要体现在时尚、快餐和消费等生活领域。美国的生活方式已经风靡全球，如快餐业在全球的传播，强化了共同的美国生活方式，成为影响全球的重要流行文化。美国生活方式产生了强大吸引力，使那些即使了解美国政治、社会、平等等阴暗面的政治公民也想过上美国式的好生活。二是娱乐中的流行文化建设。美国积极推进电影、电视、流行音乐、流行体育等建设，并在全球范围内享有盛誉。美国的娱乐，如好莱坞、迪士尼、麦当娜等，传达了美国的价值观，比如对民主、自由等的坚定信仰。更重要的是，世界上许多人都将美国视为支持这些价值观的模范国家。特别是好莱坞，从电影诞生之日起就成为美国外交政策的有力工具，正如克里斯托（Irving Kristol）指出的那样"我们的传教士生活在好莱坞"。[②] 三是教育中的流行文化。美国积极创造并推进学术新理念的传播。无论自然科学，还是社会科学，美国都处于领先地位，引领着世界学术潮流。以国际关系专业为例，美国向世界提供历史终结论、文明冲突论、民主和平论、软实力等理论。这些理论在世界范围内流行，成为指引，甚至主导美国乃至全世界的外交政策，对世界格局产生了深远影响。美国的流行文化向世界展示了一个种族多样、令人兴奋、喧闹、充满荒野和城市之美的美国形象，来自不同国家、从未到过美国的人们已经对美国的房屋、街道、学校的样子有了一个透彻的了解。

2. 制度文化建设获得一定的国际认可

制度是重要的文化软实力资源。汉斯·摩根索指出，政治制度对他国的吸引力在一个国家力量形成中发挥着至关重要的作用。美国国内制度，以及由其所主导的地区和全球制度，充分融入了美国文化、理念、价值观等，且被世界普遍认可，成为美国征服人心的力量。一是美国国内制度文化。美国国内政治制度是文化价值观的反映，正如迈克尔·沃尔泽（Michael Walzer）指出，美国文化呈现"多面化"，但就政治制度而言则是"一元化"的。美国政治制度的"一元化"集中反映了基于美国共识的"自由、平等、自治"为核

---

① Joseph S. Nye and John D. Donahue, Governance in a Globalizing World, Washington DC: Brookings Institution Press, 2000, pp. 123.

② Irving Kristol, "The Emerging American Imperium", Wall Street Journal, 18 August 1997.

心的所谓"普世价值观"，正是这种在美国社会中普遍流行的"共识"让美国成为"美国"。① 当前美国的政治制度影响着世界，世界许多国家政治制度均以美国制度为蓝本。二是地区制度文化。美国文化价值观外溢，表现为主导了地区层面的制度理念规范。二战后，以美国理念为基础，逐步形成了以北约、日美同盟等为核心的地区性制度体系和地区秩序安排——与西方工业国（包括日本）之间最终建立一系列新的安全、经济和政治制度，美国几乎参与所有制度。当前地区层面制度和秩序改革，如北约东扩、北美自由贸易区、亚太经合组织、世界贸易组织均是以符合美国文化价值观而建立的，在一定程度上反映了美国对地区秩序的影响。三是全球制度文化。美国文化已经成为许多全球性的国际组织的宪章中的重要精神。联合国、国际货币基金组织和世界银行等国际组织的建立，形成了以国际组织体系为核心的全球国际制度体系，深深烙下了美国文化价值观的印迹。同时，以美国文化价值观为核心，构筑的与昔日迥然有异的世界秩序——雅尔塔体系，成为人类有史以来最具代表性和最成功的国际秩序，至今也发挥着重要的作用。无论是美国国内制度，还是地区和国际制度，在全球具有相当的影响力，成为吸引全球的力量。

3. 彰显了普遍适用的西方核心价值观

美国的核心价值观具有一定的"普世性"，对世界具有强大的吸引力。当一个国家的文化价值观和意识形态产生吸引力时，其他国家就会积极仿效，从而产生国际影响力。一是向全球提供普世性价值观念。普世价值是美国文化软实力的基础，这些文化价值观源自于《独立宣言》中对"生命、自由和追求幸福的权力"，它包含了"和平、自由、社会进步、平等权利、人的尊严"等价值。虽然对这些价值观念的解读因具体国家而异，但却没有国家公开否认这些价值观念。美国凭借推广"民主、人权"等共有价值观念产生了强大的软实力，为全球提供了文明交流与互鉴。如在中东，美国的民主、法治、言论自由和其他政治理想，在大多数阿拉伯人眼中脱颖而出，增强了其软实力。二是向全球提供实用主义价值观。实用主义是美国独特的价值观，强调人的作用，是人本主义价值观。它重探索、假设、实验、创新，反对墨守成规、因循守旧，是真正对美国发展起了巨大推动作用的价值观，被基辛格称为"美国精神"。当前实用主义被国际社会普遍接受，成为与"普世价值"相并列的美国价值观。三是面向全球提供自由主义价值观。在当下的美国，自由主义不仅是首要的思想传统，它甚至是唯一的思想传统，被视为美国的核心价值观和信仰。基于自由主义理念，美国先后确立众多国际组织，并在应对全球问题领域开展国际合作等。自由主义已经成为全球主流意识形态，可以说，自由主义是国际制度与国际合作的基础。

---

① ［美］萨克凡·伯克维奇：《惯于赞同：美国象征建构的转化》，钱满素等译，译文出版社，2006年版，第13-14页。

（二） 构筑国际传播的全球网络渠道

美国强大的传播通信系统构成了国际传播的权力金字塔，美国处于控制地位的塔尖。今天的美国把全球文化传播的控制权牢牢掌握在自己的手中，借此影响国外受众对美国的看法，并让他们了解美国的生活方式。美国依靠政府、资本和公共力量构筑了三位一体的国际传播体系，为文化国际传播、文化软实力塑造提供渠道。

1. 政府主导构建文化传播体系

在美国文化国际传播中，政府发挥着重要作用。美国政府部门积极保障和传播文化，构建了"管理-保护-传播"的文化国际传播体系。一是政府的国际传播机构建设。为推进文化价值观的国际传播，美国政府，尤其是国务院构建了以分管公共外交和公共事务的副国务卿为具体职能领导的庞大机构。公共外交和公共事务副国务卿下属包括教育和文化事务局、全球公共事务局、全球参与中心、美国公共外交咨询委员会、政策规划和资源办公室等机构，致力于促进美国文化价值观和政策传播。如全球超过 100 万人参与教育和文化事务局项目，其中包括 75 位诺贝尔奖获得者和近 450 位现任和前任国家元首和政府首脑，有效传播了美国文化价值观。二是政府对国际传播的保护。美国政府重视对国际传播的保护，积极应对"国际传播"危机，加强对国际传播机构和人员的保护。如应对联合国教科文组织关于"国际传播"危机，美国政府分别于 1984 年和 1985 年两次退出联合国教科文组织，切实保护自身国际传播霸主地位。积极推进美国国际传播机构的在地化，保护机构和人员安全。如美俄记者签证危机中，美国国务院开展有效的工作，保障美国记者在俄罗斯的合法权益，有效保护了国际传播机构和人员的安全。三是政府主导国际广播。国际广播是美国进行国际传播的重要策略和渠道，长期以来美国利用全球媒体署（USAGM）管理和监督的国际广播机构进行文化价值观的国际传播，在文化软实力构建中发挥了至关重要的作用。以美国之音（VOA）为例，得益于美国政府的大力支持，美国之音已经发展成为使用 47 种语言，每周向全球超过 3.118 亿人提供可信和客观的新闻和信息，向大约 3 000 个附属机构进行广播和电视广播的国际广播机构。当前美国之音以其有效覆盖全球的巨网，传播美国文化价值观，是"有史以来人类用声音占领意识形态领域的最强武器"。美国政府对国际传播的重视，构筑的国际传播体系，促进了文化价值观的国际传播。

2. 资本参与文化传播体系建设

全球媒体在文化国际传播中起着至关重要的作用，从实用主义角度讲，当前的全球媒体大部分都在西方，更具体地说是在美国。美国的全球媒体大多是以私有制为主体的商业化运营体制，成为美国国际传播能力构成的主要力量，主要包括传统媒体、电视媒体和互联网新媒体。一是传统媒体建设。以美联社和合众社为代表的通讯社，是世界四大通讯社中的两个，在国际传播与舆论格局中占有举足轻重的地位。如美联社是不以营利为目的的新闻联合组织，目的是为报界提供真实可靠的信息，被新闻学界称为"'客观报道'的先驱"。以《华尔街日报》《时代周刊》和《经济学人》为代表的报刊，在某些情况下是国际信息的主要来源。特别是《国际先驱论坛报》和《国际新闻周刊》积极拓展海外业务，并为国际受众量身定制出版物，是美国文化国际传播的中坚力量。二是电视新闻网建设。资本主导的电视新闻网，如有线电视新闻网（CNN）、全国广播公司（NBC）和福克斯有线电视网（FOX）等是美国信息传播产业的主体，在世界范围内产生普遍影响。美国电视新闻网，在利润的追逐下，纷纷与其他国家的机构合作，建立自己的分支机构，构筑广泛的全球网络。如，美国电视新闻媒体通过购买或合作运营等方式在东南亚构建播出渠道和分发平台，以有效解决进入目标市场的通路问题。三是新媒体建设。美国拥有全球最大的社交媒体品牌系统，谷歌（Google）、脸书（Facebook）、推特（Twitter）、优兔（YouTube）等都是起源于美国的全球品牌。它们提供了促进世界各地的人们自由交流、交换信息、分享知识和相互交流的渠道，人们倾向于使用社交媒体在适应过程中更加融入东道国文化，并与本国保持联系。当前的社交媒体已经冲到国际传播的最前沿，成为充当报纸杂志、广播电视等传统媒体的内容平台，成为美国文化传播的工具和场所。

3. 公共力量扮演着重要角色

公共力量具有天然的合法性，是美国"三位一体"国际传播体系中的重要一环，在美国文化国际传播中扮演着重要角色。公共力量主要指跨国公司、小团体和个人，被托马斯·弗里德曼（Thomas L. Friedman）称之为推动全球化2.0至3.0的重要力量。一是跨国公司。随着全球化的推进，跨国公司越来越成为国际传播的重要力量，实际上，国际传播就是由于跨国公司的介入而产生的传播结构变化的结果。特别是文化国际传播中，美国通过将文化价值观融入跨国公司所提供的产品与服务中，从而提升文化的国际传播能力。美国通过强大的跨国公司网络，如苹果、微软和亚马逊等，为全球公民的日常生活提供了明确的途径，扩大了美国的影响力。二是非政府组织（NGO）。美国拥有约150万个非政府组织，约十分之一的美国人为其工作。数量庞大的非政府组织、人数多、涉及领域广、具备持续性传播能力，成为能和国家的传播力量相媲美的组织。美国的全国民主基金会、亚洲基金会、欧亚基金会等是非政府组织，它们有时受指使发声，有时是习惯性发声，都有意无意地充当着文化价值观传播的急先锋，成为美国的文化价值观重要传播渠道。三是普通民众，特别是网民的传播渠道。美国积极促进宗教界的领袖、海外留学生、著名学者、民间知名人士、民间新闻机构驻国外记者等参与文化传播，取得积极效果。以国际关系为例，基辛格、约瑟夫·奈、约翰·米尔斯海默等学者经常赴各国传播其学术思想，成为美国文化的重要传播者。此外，作为公共力量的全国公共广播（NPR）通过15个国外记者站，传播了美国文化，成为重要的民间力量。

（三）构建系统的文化软推销平台

美国丰富的文化资源，通过政府、资本和公共力量搭建的传播渠道，在国际社会产生了巨大影响力。除了传统的传播渠道之外，美国擅长的更有效战略就是软推销（Soft-sell Approach），这种方法建立在间接地推动合适的活动之上，而不是大张旗鼓地进行。"软推销"总是以文化、学术等面孔出现，几十年来，美国成功利用了所有社会文化媒介，包括其享有盛誉的常春藤盟校教育体系建立了广泛而普遍吸引力。

1. 构建文化交流平台促进文化传播

美国的文化交流项目，特别是与美国国务院教育和文化事务局（ECA）有联系的项目，旨在促进美国公民与其他国家公民之间的文化了解，传播美国的文化价值观。一是国际访问者领导项目（IVLP）。国际访问者领导项目的前身是设立于1948年的国际访问学者计划，目的在于为世界各地的新领导人访问美国提供渠道，让他们亲身体验美国，并与他们的美国同行建立了持久的关系，其核心宗旨是推广美国的政治制度和民主价值观。当前每年有近五千名，累计超过二十万名国际访问学者通过该项目来到美国，其中包括500多名现任或前任国家元首或政府首脑。与世界各地领导人开展意义深远的交流，直接促进了美国文化价值观的传播，对美国文化软实力提升产生了重要影响。二是和平队（Peace Corps）平台。和平队设立于1961年，通过向第三世界国家派遣志愿者，促进外国人更好地了解美国人，以及促进美国人更好地了解其他民族。借此向广大第三世界国家展现美国文化的精华，改变美国在第三世界国家中的不良形象，争取第三世界国家的人心，并借此传播美国文化及价值观念。和平队自设立以来，共向全球140个国家派遣超过二十二万名志愿者，以实际行动进行跨文化学习与交流，构建了国际友谊和世界和平。三是语言学习交流平台。提高文化软实力，人的因素是首要，而语言是发挥人的影响力的重要工具，因而语言文化交流是文化传播比较有效、高效的方式。美国一方面在当地使领馆设置美国英语和美国文化教学资源中心，促进驻在国人员学习英语与美国文化；另一方面积极推动关键语言奖学金（CLS）计划，为"关键"语言的美国语言学生提供全额奖学金，以便沉浸在目标国家学习语言和文化中。语言的交流有效促进美国与所在国人员交流，有效促进文化的国际传播。

2. 构建教育交流平台促进价值渗透

在美国对外文化传播中，教育交流是十分重要的方式。教育是传播文化思想的重要途径，是将文化价值观传播给国外受众的重要工具。一是高等教育平台的渗透。美国最大的软实力资源是在高等教育层面，尤其是国际学生的教育，这被视为实现国家软实力最重要的工具之一。美国高等教育吸引了大量国际学生，显示出其所传播的文化价值观是国际学生自愿接受的。如2018—2019年美国吸引了109万国际学生，2019—2020年是107万，由于疫情和政治原因 2020—2021 年为 91 万。① 这些留学生怀揣着美国价值观回国后成为精英，在制定对美国有利的政策方面发挥了重要作用。国际学生赢得他人心灵和思想的能力，切实提升了美国的软实力。二是富布莱特计划（Fulbright Program）。富布莱特计划是美国国际传播系统中坚持时间最长、影响力最大的教育交流项目，至今备受推崇。自成立以来，富布莱特计划吸引了来自 155 个国家的超过 400 000 名学者参与，其中包 61 位诺贝尔奖获得者、75 位麦克阿瑟基金会研究员、89 位普利策奖获得者，以及 40 位现任或前任国家元首或政府首脑。② 正如美国前国务卿科林·鲍威尔（Colin Powell）指出："我想不出比在这里接受教育的未来世界领导人的友谊对我们国家更有价值的资产了。"三是对外国政府人员的教育培训。美国高等教育所承担的对外国政府人员的培训也是文化价值观传播的重要途径。国外政府之所以选择美国高等院校进行培训官员，一方面显示出美国高等教育的吸引力，另一方面也显示出各国对美国国际经验的认可。虽然无法直接评估美国培训国外官员对文化软实力的提升效果，但国外官员回国后职务的升迁显示出对培训效果的高度认可。可见，美国以教育为目的开展的柔性宣传，在推广美国文化价值观方面起到了不可忽视的作用。

3. 文化援助增进价值认同

对外文化援助是提升文化软实力的有效工具，它可能会促使受援国人民及其政府越来越接受捐助者的文化价值观，以至于他们"想要什么"，正符合约瑟夫·奈对软实力的著名构想。文化援助通过影响受援国的公民，导致对援助者提倡的文化价值观的看法发生深刻转变。事实上，促进这种转变也是美国政府推进文化援助的一个关键目标。一是文化设备援助。美国政府凭借自身强大的经济实力，联合其他机构，向发展中国家援建文化场所、体育场馆、办公会议设施等公共设施项目，丰富了当地民众的文化体育生活。同时与出版商、印刷公司、数字内容提供商、物流代理和其他机构合作，全面加强国家图书供应链系统，向发展中国家提供图书援助。如依托国际扫盲计划，从 2013 至 2020 年美国向巴基斯坦提供了大量的教学材料，促进了美国文化传播。二是教育能力培训援助。美国政府积极推进发展中国家学生、教师和教育机构的能力建设，仅 2020 年，美国就培训超过 300 000 名教育官员、管理人员和教师，协助超过 93 000 所公立和私立学校提高其学前、小学和中学水平，为 580 多所高等教育机构提供能力建设支持。美国的人员能力培训和学校能力建设，惠及全球大部分地区，成为美国文化的重要传播者。三是人员援助。美国国际开发署的特派团正在继续将适当的人员援助从小学教育层面扩展到包括学前教育。自 2018 年以来，已有 20 多个特派团支持学前教育规划。美国文化援助行为既有"慈善"成分，

---

① https://www.statista.com/statistics/237681/international-students-in-the-us/.

② 富布莱特计划概述，美国教育文化局网站，https://eca.state.gov/fulbright/about-fulbright/fulbright-program-overview.

亦有"利益"考虑，通过文化援助，美国的价值、观念及意识形态被传播到海外。① 美国文化援助提升了美国文化价值观的认可度，成为"促使非民主化国家"发生变化的重要手段，也是美国国际文化战略的重要手段和途径。

二、英国国际传播能力建设

英国是国际传播能力强国，与美国共同主导着当前的国际传播格局。传统上，英国依靠强大的国际传播网络，对宗教改革、资产阶级革命和工业革命中所呈现的文化进行传播，确立了"日不落帝国"的基本模型。当前，英国通过加强国际传播能力建设，对文化资源进行国际传播，再次跻身文化软实力强国。根据英国波特兰公关公司（Portland）发布的软实力报告，英国自 2015 年连续 5 年高居世界软实力前两名，2015 年和 2018 年更是居世界首位。因而，总结英国国际传播能力建设经验，对中国国际传播能力建设，提升文化软实力具有重要借鉴意义。

（一）以创意文化为核心的文化资源建设

英国文化颇具创意，历史上，凭借宗教改革、资产阶级革命和工业革命所呈现的创新性的文化，英国的吸引力和影响力获得极大提升。当前英国不断追求文化创新，创意文化产业不断发展，成为创意产业发展的典型代表。凭借文化创新，英国创造了文化的资源，有力助推国际传播。

1. 具有创意的大众文化产业发展

英国的大众文化具有强大的创新性，正是凭借文化创新，英国的吸引力和影响力大为提升。历史上，英国伦敦开设了第一家记录在案的咖啡馆，成为消费革命最为公开显著的标志，至今影响着世界消费发展。英国的文化产业主要包括出版业、影视和广播等产品类，广告、建筑、软件和计算机服务、电子游戏等服务类，音乐表演与视觉艺术、艺术画廊和自然遗产等艺术和工艺类创意产业。当前，英国依然通过大众文化产业创新，增强文化软实力。一是推动文化产品创新发展。文化产品是"英国文化吸引力的传统支柱"，英国积极推动文化产品创新，增强文化软实力基础。以出版业为例，英国出版业高度发达，特别是在数字出版快速发展。仅 2020 年，英国出版销售收入就达 67 亿英镑，其中出口销售占总销售收入的 59%，数字出版产品销售占总销售总收入的 46%。② 根据 2021 年发布的《全球出版业 50 强报告》（Global 50 The World Ranking of the Publishing Industry 2020），

① 来永红：《美国国际文化战略十年》，人民出版社，2018 年版，第 214 页。
② Global 50 The World Ranking of the Publishing Industry 2020, https：//www.wischenbart.com/upload/Global50 - Publishing-Ranking-2020_ Screen Opt.pdf.

在全球出版业前五名中英国占据两位，分别位居第一和第四。可见，英国出版行业具有高度的国际竞争力。二是推动文化服务创新发展。设计业是英国规模最大的文化创业产业，英国的设计师成为国际同行推崇和模仿的对象。特别是建筑设计，是英国出口设计重要的领域。北京大兴机场是由英国建筑师设计的，成为中国引以为傲的建筑产品。三是推动艺术类文化产品发展。艺术美妙之处在于可以逃脱明确的工具化，有助于营造有利的对话氛围，改变人们的思想、感受和行为方式，成为看待和体验世界的新方式。在英国政府推动下，基于英国文化的舞蹈、歌剧等在全球传播，已经享誉全球，成为英国文化软实力的重要来源。此外，博物馆、体育业等也被视为与创意文化产业"有密切的经济联系"。如英超联赛每年吸引数百万全球观众，催生了受到全球欢迎的足球文化，成为英国向世界其他地区投射软实力的重要工具。凭借文化产业创新，英国成为"文化超级大国"，具有高度的吸引力和影响力。

2. 具有创新性的制度文化建设

英国是现在资本主义政治制度的发源地，是现代民主制度的开创者。凭借具有创新性的制度文化，英国提升了吸引力和影响力，构建了文化软实力。一是国内制度创新。英国是世界上第一个议会民主制国家，第一个政党制国家，制度的优越性使英国经济迅速发展，对世界其他国家产生了强大的吸引力。政治制度的优越性为其他国家提供了可参照的依据，为世界范围内大多数资本主义国家所仿效，资本主义国家的政治制度大多以英国制度为蓝本，从而拉近了英国与这些国家之间的距离。同时，英国国内政治制度的长时间运营积累的声誉也增加了英国政治资本。二是区域政治制度创新。英国曾是最大的殖民帝国，与广大殖民地保持着密切联系，对他们有着强大的影响力。随着战后殖民地独立，为继续保持对前殖民地的影响力，英国创新了区域合作制度，成立了"英联邦"。英联邦是一个拥有54个国家，覆盖22亿人口的一个在语言、文化、价值观和相互欣赏方面有着紧密联系的区域组织。在全球化使国际网络变得越来越重要的时候，英联邦代表了一个强大的网络，英国在英联邦国家中处于特别强大的地位，享有重要的战略优势。三是塑造国际秩序。真正的软实力源于英国在全球行动中始终坚持在国外受到推崇的英国理想，为全球提供公共产品，以影响国际规范，塑造国际秩序。英国担忧当前的国际秩序出现"失序"的危险，指出应对"失序"危险的唯一方式是加强基于国际规则的国际秩序。因而，当前英国政府在国际社会大力宣传和推动基于国际规则的国际秩序，包括对现有国际秩序进行渐进改革、包容和接纳新兴大国。英国积极主导新国际规则制定、改革国际机构和呼吁基于规则处理国际争端等，为英国赢得了声誉。

3. 卓有成效的核心价值观建设

无论是美国还是英国，其文化软实力构建的共同点和一般规律是离不开核心价值观的引领。英国实现"日不落帝国"，离不开向世界提供可接受的价值取向，引起其他国家的共鸣。如美国人思维中的众多价值、理念和倾向是美国例外论的一部分，来自大不列颠。英国提供的价值取向包括"理性主义""自由主义""保守主义"等核心价值观，它们在过去几个世纪以来改变了世界，以至于我们视其为人类进步的成就。一是理性主义价值观。英国的理性主义科学家，如斯宾塞、培根、霍布斯、洛克、达尔文等，他们向传统思维博弈，使实验和检验主义理念逐步发展成为全民族的文化特征，对未被检验的事，不轻易接受，也不轻易地热烈拥抱一种新理论或扑向一种新事物。理性主义价值观普遍被其他国家所欣赏和认同（主要是英国势力范围内），它不仅改变了其他地区也改变了英国，也成为人类进步的根本动力。二是自由主义价值观。英国人把自由视为生命，将争取自由视为"光荣的传统"和"神圣的事业"，自由主义对政治、经济和民族价值塑造等方面都显出了极大的价值。自由主义构成了英国文化价值体系的重要环节，对英国、乃至对整个西方国家都产生了深远的影响。三是保守主义的价值观。保守主义是一种具有凝聚力的政治倾向，英国以此设计并建立一个具有系统性的观念世界；也是一种精神倾向，推崇稳定性和连续性，对权威保持高度敬畏，重视对社会生活的重要意义，至今影响世界。此外，英国拥有一套与其他民族习惯做法完全不同的方法，发展出一套个人与部落关系的观念，而这套观念成为英语文明为人类福祉所做的最大贡献，同时也是英语文明最伟大的出口产品。英国引导全球价值取向，取得了价值观的吸引力，给人类带来新的生产方式、新的生活方式、新的国际关系。

（二）构筑发达的媒介国际传播渠道

在英国文化价值观的国际传播中，媒介系统扮演着举足轻重的角色。英国具有发达的传播媒介系统，凭借国际传播媒介，英国文化软实力投射可以"超越其实力"，享有独特的世界作用，成为具有全球领导力的国家。当前，英国构建传统媒介和新媒体，使其文化价值观在全球范围内得到极大的传播，成为塑造英国文化软实力的重要渠道。

1. 构建传统媒介系统

英国在传统媒体领域具有巨大的优势，凭借发达的传统媒体系统，其文化价值观得到广泛传播，在很大程度上促进英国塑造了文化软实力。一是构建强大的通讯社。英国路透社（Reuters）是西方四大主流通讯社之一，是世界上最大的多媒体新闻供应商。当前，路透社通过遍布全球的200多个记者站和2 500名驻外记者，以15种不同语言为100多个国家的780电视广播公司、128个国家的2 000多家媒体客户和1 000多家出版客户提供新闻信息，其中包括全球前10大报纸中的8家和美国各大电视网络。① 凭借庞大的信息传播网络和丰富的信息内容，历史上路透社领导并反映了英国在世界范围内的文化和价值观的传

———————————
① 数据来源：路透社官网，https://www.reutersagency.com/en/about/about-us/.

播，现今也在英国文化价值观的国际传播中发挥着举足轻重的作用。二是构建庞大的传统报刊。在英国，《卫报》《泰晤士报》《每日电讯报》和《金融时报》等是四大主流媒体。特别是《泰晤士报》，它是英国第一主流大报，被誉为"英国社会的忠实记录者"，对全球政治、经济、文化发挥着巨大影响力。《经济学人》《自然》《新科学家》《旁观者》和《展望》等是在世界范围内发行的杂志和期刊。如《旁观者》杂志，它面向全球发行，是历史上寿命最长的时事杂志，也是有史以来第一本出版 10 000 期的杂志，对英国文化传播发挥着重要作用。三是构建传统媒体的新兴渠道。传统的媒体系统，如路透社、《卫报》《泰晤士报》《每日电讯报》等均已建立自己的网站，成为欧洲乃至世界范围内最受欢迎的订阅网站。特别是路透社网站，根据益普索（Ipsos）报告，路透社是欧洲最受欢迎的国际数字媒体品牌，连续多年保持欧洲第一国际数字媒体品牌地位。此外，在所有衡量的新闻和商业网站中，路透社网站在每个品牌的月度数字用户中的可信度排名第一。英国的通讯社、报刊和它们建立的网站，成为传播其文化价值观的重要途径，至今仍发挥着重要的作用，是英国塑造文化软实力的重要工具和文化软实力的重要标志。

2. 重视国际一流媒体的建设与发展

英国广播公司（BBC）是英国国际一流媒体建设的典范。BBC 起步于国际广播，随着互联网的发展，已经成为英国进行国际传播的全媒体平台。当前的 BBC 是世界上最大的广播公司，是英国最具代表性、最具影响力的国际传播主体，是输出价值观、推广政治主张和文化价值、引导国际舆论的桥头堡。BBC 全球服务（BBC World Service）是 BBC 进行国际文化传播的重要部门，主要依靠 BBC 全球电台、BBC 环球新闻频道和 BBC 工作室进行卓越成效的工作。一是全球电台（BBC Radio）的建设。传统上，BBC 全球电台主要利用短波进行国际广播，随着技术的进步和传播竞争环境的变化，BBC 全球电台不断进行传播技术革新，形成了短波、AM、FM、数字广播和网络直播等完善的国际广播体系。此外，许多广播节目都可以作为播客提供。BBC 全球电台通过国际广播体系，对已播内容进行滚动式更新补充，并配发各类评述和评论，以及增加新的专题新闻节目，成为英国文化传播的新途径。二是 BBC 环球新闻频道（BBC World News）的建设。BBC 环球新闻频道是 BBC 致力于全球广播的核心，是 BBC 在广播电视领域进行国际传播的重要举措。BBC 环球新闻频道是受商业资助的国际 24 小时新闻和信息频道，它覆盖全球 200 多个国家和地区的超过 4.52 亿家庭用户、数百万间酒店客房、53 家航空公司等，成为全球最大的广播电视服务平台、全球最有影响力的国际新闻和时事报道电视频道之一。英国在 BBC 环球新闻频道播放各种权威国际新闻、体育、天气、商业、时事和纪录片节目，介绍英国文化、生活方式和价值观念，深刻吸引着世界的眼光。三是 BBC 工作室（BBC Studio）的建设。BBC 工作室的前身是 BBC 环球电影公司，为了适应时代发展，改组为 BBC 工作室。BBC 工作室在世界各地创作、开发、制作、分发、广播、资助和销售节目，是英国向海外输出节目和节目模式最有代表性的机构。如改编优秀文学文本是 BBC 工作室在电视剧制作和播出过程中始终坚守的重要传统之一，是英国文化输出的重要模式。同时，BBC 注重受众调研，以更好地贴近不同国家和地区的受众需求，更好传播英国文化价值观。

3. 构建社交媒体传播新途径

英国重视社交媒体的应用，以社交媒体争夺新闻资源，保持英国国际传播的领先地位，以更好地传播英国文化价值观。面对互联网的发展和民众媒体使用偏好的改变，英国各类媒体纷纷落户社交媒体，借助社交媒体扩大自身影响力，传播英国文化价值观。一是主流媒体落户社交媒体。BBC 目前设有未来媒体和技术部，专门负责向新媒体领域进军以及新媒体平台建设。当前 BBC 社交媒体建设成效显著，在脸书（Facebook）和照片墙（Instagram）关注人数居全球之首，在推特（Twitter）上关注人数仅次于美国有线电视新闻网（CNN）居第二位。[①] 路透社也开启了社交媒体之路，特别是针对中国市场的移动应用端，其涵盖了微信版、安卓版、iPhone 版、iPad 版和 Windows 版。同时，主流媒体记者也通过社交媒体平台以非正式、个人和互惠的方式与读者互动，增强了主流媒体的文化传播能力。二是报刊的社交媒体化转变。英国报刊在社交媒体时代，竞相开辟社交媒体渠道，增强自身影响力。《卫报》是较早进驻社交媒体的英国报纸，目前已在脸书拥有 866 万、推特拥有 1 010 万、优兔则有 183 万关注者，在社交媒体平台引起广泛的关注。《经济学人》则有针对性地重新布局社交媒体资源，将整个编辑部整合在社交媒体平台上，与粉丝互动，增强了吸引力和影响力。此外，社交媒体的转变也要求英国外交部、英国文化教育协会等机构适应社交媒体，它们纷纷进驻社交媒体平台，使其成为对外文化传播的重要途径。

（三）注重一流文化外交平台建设

文化教育平台是显性和隐性相结合的国际文化传播方式，在英国文化价值观传播中，文化教育平台发挥着举足轻重的作用。长期以来，英国注重文化教育平台建设，依靠强大文化教育平台践行软渗透，成为软实力的领导者。英国文化教育协会（British Counci）是英国最重要的文化教育平台，有效助推英国文化价值观的对外输出，显著提升了英国文化软实力。

1. 语言传播平台建设

语言，尤其是英语，可以被认为是文化的一个主要子集，也是表达大量艺术和文化，尤其是文学和诗歌的媒介。语言传播是显性的文化对外输出方式，对外推广英语成为英国

---

① 梁虹：《文化"走出去"背景下英国民众对北京文化的认知：社交媒体视角》，《中国广播电视学刊》，2021 年第 9 期，第 36—39 页。

文化国际传播的主要途径。英国十分注重英语的推广，始终把对外英语教育放在突出位置。一是专门英语推广机构的建立。英国政府高度重视语言推广，赋予个人和组织推广文化和语言的合法权利。在英国，从事语言推广的部门很多，但英国文化教育协会是唯一专门致力于英语推广的准官方机构，是英国政府提升其软实力的工具。当前，英国文化教育协会已经构建并广泛传播一种战略叙事——"语言的吸引力"——基于英语是一种软实力工具，增加了对英国的信任并呈现它在国外具有吸引力。二是海外语言推广途径建设。为推广英语，英国文化教育协会建立起了立体化的推广体系，包括海外英语教学和培训、英语标准化考试、师资培训和输出、英语教学研讨会等方式进行英语的国际推广。在海外英语教学和培训方面，英国文化协会在 51 个国家设立了 118 个英语教学中心，每年为超过 35 万的学生教授英语。在英语标准化考试方面，雅思（IELTS）已被全球 140 多个国家超过 11 000 所机构所认可，每年吸引全世界超过 350 万的考生参加考试，是世界上最受欢迎的高等教育和全球移民英语语言测试。在师资培训和输出方面，为世界提供英语教师培训课程并监督对外教师培训学校向世界各地输送英国的语言专家等。此外，课程设计、教材和教学大纲编写也是语言推广的重要渠道。三是英语推广产生了重要影响。英国文化协会通过各种形式向世界各国推广和传播英语取得了巨大的成功，完成了"使英语作为世界通用语"的使命。随着英语广泛传播，英国的生活方式、价值观念也悄然进入世界各地，从而有效地维持和提升英国的国际影响和掌控能力，提升了文化软实力。

2. 高等教育平台传播文化价值观

在提升文化吸引力及扩大文化影响力方面，英国在其文化教育协会的统领下，充分利用高等教育资源优势，有层次有步骤地采取有效措施传播文化价值观，取得了显著成果。一是英国高等教育具有吸引力。英国拥有丰富的高等教育资源，是众多世界顶尖大学的所在地。在 2022 的 QS 世界大学排名中，英国共有 17 所大学跻身世界 100 强，其中 4 所大学位居世界前 10 位。它们具有极高的学术水平，如剑桥大学获得诺贝尔奖的人数居世界大学第二位，对世界范围的学生产生了巨大吸引力，成为人们向往的接受高等教育的圣地。根据高等教育统计局 2020—2021 年的统计数据，当前共有超过 60 万名国际学生在英国攻读学位，英国成为仅次于美国的第二大留学目的国。二是依托奖学金培养亲英精英。为了吸引世界各地精英，英国文化教育协会设立和管理多达 200 多个奖学金和助学金项目，比较著名的是志奋领奖学金（Chevening Scholarships）、英联邦奖学金（Commonwealth Scholarships）和非凡英国奖学金计划（GREAT British Campaign）。如志奋领奖学金是英国政府最具代表性的奖学金项目，颁发给具有明显领导潜力和强大学术背景的个人。自 1983 年创建以来，共有超过 50 000 名志奋领学者赴英国留学，仅 2011—2022 学年就有 1 500 名志奋领学者赴英国学习和体验文化。英国期望这些具有领导潜力和强大学术背景的人对英国产生良好的印象，并在以后的职业生涯中发挥有利于英国的影响力。三是高等教育产生重要影响。高等教育是隐性的文化价值观传播方式，既可以潜移默化地灌输文化价值理念，又可以促进与精英们建立终生关系。根据英国文化教育协会的一项分析，全世界几乎有七分之一的国家有在英国高等教育机构学习过的首相或国家元首。全球几乎五分之一的央行行长曾在英国大学接受过教育，超过十分之一的非英国诺贝尔奖获得者曾在英国接受教育或曾在英国大学任职。[①] 他们的成就为英国文化软实力背书，甚至有些国家把国外留学经历，特别是赴英留学经历作为求职、升职的重要标准，显示了英国文化的全球吸引力。

3. 文化艺术交流增进价值认同

文化艺术交流是英国软实力战略的重要方面。文化艺术很少"为文化艺术而存在"，因为很难将它们与政治和意识形态分离。然而文化艺术交流可以摆脱明确的工具化，营造有利于对话的氛围，成为提升文化影响力的有效方法。英国拥有丰富的文化艺术资源，在文学、戏剧、音乐、舞蹈、电影、运动等方面具有全球领先的地位，被誉为"文化超级大国"。英国文化教育协会在电影类、文学类、音乐类等众多领域开展交流活动，激发了人们对英国的兴趣，成为促使人们有意访问英国的强大动力。一是开展文化艺术交流项目。艺术作品海外巡展是最直接的文化交流方式，英国文化教育协会每年都会组织英国艺术家作品到海外巡展。2010 年的"未来总动员——英国文化协会当代艺术珍藏展""2012 艺术英国""2021 年中英当代文演展"吸引了数百万观众参观，向中国人民展示了英国艺术的伟大成就。文学作品交流是文化交流项目的又一主要内容，如"永远的莎士比亚"项目对全世界文化、教育和社会领域所产生了深刻影响。二是支持艺术人士合作与交流。英国文化教育协会与相关部门合作，重点支持英国与世界各国的创作人员、制作人员、创办人员的国际交流，探讨共同制作及其他合作方式。如英国文化协会通过文化资助开展了完善的"通过文化建立联系"计划，截至当前已资助 37 批 370 多名中英创意和文化专业人士之间的交流与合作，促进了中英艺术人士合作与交流。三是支持艺术为社会服务。艺术可以为交流构建信任，为对话营造有利的氛围。2021 年，英国主办第 26 届联合国气候变化缔约方大会（COP26），英国文化教育协会通过艺术和科学展示，为全球气候合作、对话和行动营造了有利的交流氛围。特别是会议期间，英国文化教育协会的"创意委托"活动，以艺术方式展示独特和创新的应对气候变化方式，为气候挑战提供创造性的回应和解决方案。英国文化价值观在文化交流中得到直接展示，成为其提升文化软实力的重要途径。

---

① "高教有助提高英国软实力"，BBC 中文网，https：//www.bbc.com/zhongwen/simp/uk/2014/02/140213_ uk_ education_ soft_ power.

三、日本国际传播能力建设

日本重视国际传播能力建设，在西方垄断国际传播的背景下，通过整合各种资源，构建了强大的国际传播能力，助力其成为文化软实力强国。根据波特兰公关公司（Portland）发布的软实力报告，自2015年以来日本软实力连续5年位居亚洲第一，也是榜单前10名中唯一的亚洲国家。日本以国际传播能力建设提升文化软实力的经验值得中国学习和借鉴，对于提高中国国际传播能力和文化软实力具有重要意义。

（一）以独特性为核心的文化资源建设

日本的文化软实力资源相对贫乏，得益于日本独特性的文化建设，奠定了日本文化软实力强国的基础。正如道格拉斯·麦克格雷（Douglas Mc Gray）指出，日本人所特有的不拘泥于传统、海纳百川的能力使它们能够吸取各种海外文化，创造出一种完全感觉不到日本要素的新型文化，依靠新型文化的国际传播，使日本成为仅次于美国的全球化文化大国。日本文化的独特性主要体现在内容产业、制度文化和精神文化领域。

1."酷日本"的物质文化建设

物质性文化是日本获得文化软实力的重要来源，日本的物质性文化主要表现是以"酷文化"品牌为标志的"文化产业"。也即，日本的文化产业构成一个整体的品牌概念——"酷日本"（Cool Japan）品牌，然后依靠"酷日本"品牌效应提升日本的软实力。"酷日本"是指日本文化的各个方面，涵盖了游戏、漫画、动漫、时尚、饮食、商业产品、机器人、环保技术和其他高科技工业产品等。一是动漫产业的建设。动画、漫画、角色和游戏等是娱乐领域"酷日本"的主要内容，特别是动漫已经成为日本文化国际传播的重要突破口。日本动漫产业在政府的大力支持下发展成为类型广、质量高、规模大的动漫文化产业群，正在风靡全球。2020年，日本动漫产业海外销售收入达1.24万亿日元，占据44.9%的世界动漫市场份额，主导着世界动漫市场。正是依靠J-pop、漫画、动漫和卡哇伊（可爱）现象等的广泛传播，日本获得文化软实力优势，正在"重塑超级大国"。二是高质量的商品建设。日本重视商业产品建设，拥有众多知名产品和著名品牌。2021年财富世界500强企业中，日本有53家企业入榜，仅次于中国、美国。这些企业拥有汽车、相机等全球领先的产品，以及丰田、佳能、松下、日立、三菱、索尼等享誉全球的品牌。有学者指出，日本之所以在不到二十年的时间里改变了自己战败国、侵略者的国际形象，就是因为海外消费者认可了日本商品的质量和实用性。三是简单、素朴、纤细的生活方式。现代化的日本仍保持着自己"简单、朴素和纤细"的生活方式，使其成为全球预期寿命最高的国家，同时也打破了现代化就必须全盘西化的冲动，成为全球生活方式的典范。"酷日本"

的文化特征，使日本的文化获得巨大吸引力，助推其文化软实力提升。

2. 具有实践性的制度文化建设

日本文化软实力获得过程中，制度文化发挥着重要的作用。日本的制度文化，在国内层面是清廉高效，在区域层面是承担国际责任，在全球层面为国际合作。一是国内制度文化建设。日本政治制度是以"三权分立"为基础的议会内阁制，缺乏特色性，但日本国际制度文化的明显特征是政府较为清廉。根据非政府组织透明国际（Transparency International）发布的《清廉指数》（Corruption Perceptions Index），日本自 1995 年以来已经连续 27 年进入世界最清廉国家行列，在亚洲仅次于新加坡。同时，根据透明国际发布的《全球腐败晴雨表》（Global Corruption Barometer）显示，日本自 2003 年以来连续 20 年进入全球行贿率最低国家行列，是亚洲行贿率最低的国家。二是区域制度文化建设。亚洲开发银行（Asian Development Bank）是日本参与创建和主导的第一个区域性国际金融组织，其建立宗旨融合了日本文化理念，是日本承担"国际责任"的重要载体。同时，面对亚行改革，2015 年提出"高品质的基础设施投资"理念及其融资策略，成为亚行新的发展理念，重振了其在亚行中的主导权。三是全球制度文化建设。日本在全球性国际制度建构方面成果有限，其全球性的制度文化无法直接探寻，但日本在全球层面对国际合作持积极态度。自二战以来，日本始终坚持国际合作理念，开展"制度外交"，积极融入国际体系，试图改变其战败国的地位。特别是在美国"退群"之后，日本反其道而行之，不仅承担了主导CPTPP 的签署和生效，还积极推动其扩容，充分体现了日本国际合作的精神。得益于清廉、责任担当和国际合作的制度文化，日本的国际影响力得到很大提升。

3. 独特性的核心价值观建设

日本在世界范围内拥有的良好文化软实力，离不开其核心价值建设与传播形成的感召力。日本的核心价值观建设，既立足于儒家传统文化，又汲取现代文明具有普世性质的价值观念，同时融合日本特有的国家崇拜、等级崇拜和神道教文化，最终形成了自由、民主、重义、包容、重秩序、崇尚爱国的社会核心价值理念。一是义理价值理念。义理是日本的核心价值观的主要内容，是对儒家"义"文化的"型变"，强调"义利合一""义利一体"。在日本，"义理"是与人情相对立，强调责任、义务，其核心就是"忠"，忠于君主，孝于父母，下级无条件地服从上级。义理观已经渗透到日本商业、生活等各个领域，是促进日本经济起飞的重要推动力。二是包容性价值理念。包容性价值理念是日本文化的显著特征，强调既要包容外来影响，又要包容自己的传统。在保存本民族自身文化的同时，也注重吸收国际文化元素，在学习中将其他国家的文化精华融入到自己的文化内核。当代日本文化中，明显呈现出儒家思想与西方文化融合的痕迹，已成为不可分割的整体。日本文化包容性使其更好地融入当代世界，是其文化软实力的重要来源。三是自由、民主、平等的价值理念。自由、民主、平等等价值理念被世界所熟知，但日本的核心价值观中的这些观念与西方的观念有很大差异。日本学者中根千枝（Nakane Chie）指出，日本对民主的理解是一种由集团内部高层的凝聚力和协调一致构成的共同思想情感，有别于美式以个人为本的绝对个人主义。日本独特的核心价值观，使其获得巨大感召力，更容易得到国际社会的认可。

（二）渠道整合推进国际传播渠道建设

日本文化价值观的对外输出和国际传播，不依靠单一的传播渠道，而是多种渠道整合、协调和联动。与文化价值观国际传播相关的渠道包括报刊、广播、网站、社交媒体、各种协会和跨国公司等。凭借渠道的有效整合，日本文化价值观得到广泛传播，文化软实力得到明显提升。

1. 传统媒体传播渠道的整合

日本进行文化传播的媒介建设起步较晚，报纸在19世纪才创办，电视到1951年才开播。经过短时间的发展，日本成为报纸和广播媒体传播最发达的国家之一，其大众传播的发展水平居世界前列。当前日本的传统国际传播媒介仍具有领先优势，其深层次的原因在于对国际传播渠道的整合，形成了高度垄断的传播格局。一是传统报纸的整合。日本是个报业大国，拥有100余家报纸。分散的报纸资源不利于文化的国际传播，日本整合报纸资源，形成以发行量大的强大报纸主导的媒体格局。日本的四家报纸——《读卖新闻》《朝日新闻》《每日新闻》《日经》的发行量更是位居世界前十，是在世界范围内具有影响力的报纸。特别是日经集团收购《金融时报》，整合国际传播渠道，成为全球最大的财经媒体，是日本文化国际传播的重要渠道。二是书刊出版渠道的整合。除了传统的报纸、广播电视媒体外，书刊出版也是日本资源整合的重要领域。在日本政府支持下，小学馆与集英社、白泉社等三家出版社实现资源整合，共同成立一桥出版集团，成为日本最大的出版集团。其中，集英社出版了《海贼王》《火影忍者》《死神》《龙珠》《灌篮高手》等风靡全球的漫画，具有强大的国际影响力。三是广播电视的整合。日本有众多的广播电视媒体，但目前大多从属于日本5大全国性广播电视媒体公司。日本5大广播电视媒体中，又以日本广播协会（NHK）资源最为集中，是日本唯一一家公共广播电视机构。NHK的发展受到《广播法》的规定性保护，建立了强大的传媒数据库，成为向世界说明日本、促进世界对日本了解的重要渠道。三者的整合，有利于增强出版社的国际竞争力，促进文化价值观的传播。

2. 海外媒体传播渠道的拓展

日本在加强国际传播能力建设，传播文化价值观的过程中，除了对本国传播媒体进行系统整合之外，也加强了对国际媒体传播渠道整合。一是与海外媒体合作。当前的国际传播话语权主要被美英等少数西方国家媒体垄断，总体而言，无论是日本通讯社，还是报纸媒体，国际影响力总体较弱，不利于其文化价值观的国际传播。为增强媒体的国际传播能力，日本各大媒体开始寻求与国际媒体合作，扩大媒体国际影响力，增加文化传播的广度与深度。以 NHK 为例，它先后与南苏丹、孟加拉国、科索沃和乌克兰等国家广播电台合作开通自己的教育频道；同时，与中国、荷兰、西班牙、意大利、法国、美国、澳大利亚等国的公共广播机构合作，以"本地化"的方式直接传播了日本文化。二是利用好海外社交媒体。社交媒体渠道是日本建立多元化国际传播体系的重要板块，日本积极发挥社交媒体的作用，特别是充分利用海外社交媒体。近年来，日本媒体积极向社交媒体平台，特别是向海外社交媒体平台转移，积极利用脸书、推特、优兔等海外主流社交媒体平台讲好日本故事，传统日本文化，引导西方民主看待日本的立场与观点。如东京奥运会期间，日本各大媒体纷纷利用海外社交媒体平台向国际社会展示东京奥运会风采，引起了巨大轰动。海外媒体渠道的拓展，开辟了日本文化"在地化"传播新途径，使日本文化价值观更容易被所在国接受。

3. 官企民一体化传播渠道建设

日本文化国际传播的主要策略是"政府主导、各方协调、民间呼应"，在此基础上确立了"官企民"一体化的国际传播渠道。也即，在国际传播中，政府负责政策和资金支持，半官方机构、跨国企业和民间具体实施。一是半官方机构的设立。为推进"酷日本"的国际传播，2013 年日本政府设立专门推进"酷日本"传播的"酷日本机构"。"酷日本机构"注册资金 375 亿日元，其中政府出资占 80%，民间出资占 20%，股东既包括提供内容产品的公司，也包括提供金融产品的银行、保险公司，还有人力资源、商品零售等公司，构成了以文化商品输出为核心的、完整的"酷日本"输出产业链。

（三）搭建富有成效的文化外交平台

文化外交是日本重要的文化价值观输出手段，不同于"酷日本"战略的文化产品显性文化输出，文化外交主要进行隐性文化输出，进行文化价值观的软渗透。日本基金会（The Japan Foundation）是日本开展文化外交的重要平台，其开展的日语教育教学、文化交流和教育援助等重要活动，促进海外对日本的理解和认可。

1. 语言国际化传播平台建设

海外日语教育，在加深海外对日本的了解、培养与日本交流的人才、打造与各国友好基础等方面发挥着重要作用，为传播和了解日本文化创造了良好的条件。日本基金会致力于在全球范围内创造和加强日语教育环境，以便为世界各地更多的人提供学习日语的机会。日本基金会积极与日本财团合作，派遣日语教育专家，邀请海外日语教师和学生赴日本研修，开发日语教材，在驻外使馆举办日语演讲比赛致力于促进日语在海外的传播。

2. 文化交流展示文化胸怀

日本基金会致力于向世界介绍日本文化的各个方面，从艺术、音乐、戏剧和电影到时尚和设计。通过创造机会让人们分享共同创造的乐趣并以超越语言的方式更好地相互理解，它促进了人们之间更深层次的文化交流。一是艺术交流。日本基金会积极支持艺术交流活动，与国内外博物馆合作，制作具有广泛影响力的大型展览，以及具有当代艺术、摄影、工艺和建筑等个别主题的小型巡回展览。同时，也向海外观众介绍各种日本表演艺术，从歌舞伎和文乐等传统艺术，到流行和民间音乐、现代舞蹈和戏剧等更现代的表演艺术。它致力于参与国际展览、资助在国外举办的日本艺术展览、国际合作项目等，推广日本艺术。如日本基金会响应请求，派遣艺术家和艺术作品参加双年展和三年展等国际艺术展览。二是电影和电视海外传播。日本基金会支持海外电视台播放日本电影电视节目，通过提供和发行日本故事片（外语版）和文化片（外语配音），以协助其海外办事处和日本大使馆的文化活动。同时，与海外国际电影节进行合作，并在与各国电影专业组织的联合赞助下组织日本电影回顾展的放映。日本基金会还向海外电视台提供各种日本电视节目（电视剧、动画、纪录片和故事片），旨在介绍日本文化和社会从传统到现代的各个方面。如日本动画片远播全球，无论数量、质量、制作水平、票房价值，还是在各国电影节中的获奖数，都堪称世界第一，增加了日本文化的吸引力。三是人文交流与合作。日本基金会将日本文化各个领域的专家派往海外，通过在国外组织讲座、示范和工作坊等，旨在让人们亲身体验植根于日常生活的日本文化习俗，如茶道、插花和烹饪，以促进对日本文化的理解。同时，为了保护文化财产和培养海外文化领域的人才，日本基金会通过管理协助其他国家文化发展的计划，向海外派遣日本专家、邀请海外专家来日本、组织研讨会等方式扩大合作。此外，文化出版、日本基金会中国中心也是日本文化交流的重要领域和方面，有效地展示了日本的文化胸怀。

3. 文化教育援助增进认同感

国际教育援助具有国际公共产品属性，是日本提升文化软实力的重要方式。日本之所以将国际教育援助视为其主要的国际援助方式，是因为日本经济社会发展的成功主要缘于其教育的发展。日本把国际教育援助视为日本价值观输出的重要途径，主要采用两种不同的援助路线——文部省的高等教育领域的国费留学生和外务省的高等教育与职业教育领域开展基础设施援建、派遣专家提供智力支持等活动。一是公费留学生。"公费外国留学生制度"是日本国际教育援助的重要方式，它起源于1954年，至1964年达到每年招收200人的规模。"公费外国留学生制度"不断发展，日本先后提出"10万留学生计划"和"30万留学生计划"，是日本向国际社会渗透影响力的重要手段，也是培养"知日派"改变日本国家负面形象的有效途径。[①] 二是提供教育设施援助。日本注重教育设施援助，一方面加强对高等教育的硬件设施建设，另一方面对海外日式学校的建设。特别是海外日式学校的建设，可以展示"日本教育模式"，有助于文化传播。[②] 如 2018 年以来，日本政府在埃及开设 40 多所日式学校，日本式的教育模式迅速赢得认可，成为日本教育模式输出的典范。三是技术合作援助。如日本派遣专家进行技术指导、提供政策建议、培训人力资源，帮助肯尼亚乔莫肯雅塔农业技术大学成立相关院系、加强师资队伍建设，并提供相应的办学设备，取得巨大成功。日本成功地利用国际教育援助手段，在世界各地进行广泛的文化渗透，产生了强大的文化感召力和吸引力，提升了日本文化软实力。

① 姜英敏、王文静、杨岚：《日本政府与 NGO 国际教育援助合作机制分析》，《清华大学教育研究》，2022 年第 1 期，第 118-119 页。
② 彭文平：《日本的国际教育援助及其软实力构建》，《比较教育研究》，2014 年第 2 期，第 97 页。

第七章

跨文化传播视阈下中华文化对外传播的实践路径

每一个国家都有自己的文化，但并非每一个国家的文化都可以或能够顺利地走向世界，实现文化对外传播是一个国家文化发展的飞跃。实现这个飞跃的关键在于国家对文化对外传播路径的构建。

一、跨文化传播视阈下中华文化对外传播的基础性依托

（一）坚定文化自信作为中华文化对外传播的依托

中华文化对外传播的基础性依托应该是对本国文化的自信，所谓文化自信就是指对自己的理想、信念、学说以及优秀文化传统有一种发自内心的尊敬、信任和珍惜。

1. 文化自信应当是我们对外文化传播的姿态

对本国文化的自信是开展对外文化传播的前提。习近平指出，在中外文化沟通交流中，我们要保持对自身文化的自信、耐力、定力。桃李不言，下自成蹊。大音希声，大象无形。潜移默化，滴水穿石。只要我们加强交流，持之以恒，偏见和误解就会消于无形。文化自信须成为对外文化交流的支撑力量。当前背景下，世界范围内文化交流、交融、交锋比以往更加频繁和激烈，在这种形势下，中华文化如何有效地走向世界，在世界文化舞台上站稳脚跟，这需要我们对本民族文化有高度的自信，这是跨文化交流中不可或缺的内在支撑力量。事实上，对文化自信的有关论述在中外著作中非常普遍。比如，美国著名地缘政治学家布热津斯基在其《大棋局》中提到过"文化优越感"的观点，他说"还是像罗马帝国那样，这种统一被一种强烈感觉到和根深蒂固的文化优越感加强、合法化和支撑

……而身为中国人就意味着有教养"。虽然布热津斯基提出的"文化优越感"不能完全等同于"文化自信",但是也可以看出他认为文化的强大对一国国际地位的重大意义。因此,文化的自信应当是我们对外文化传播的姿态。

2. 文化自信须成为对外文化传播的支撑力量

中国文化绵延数千年,源远流长。在相当长的历史时期内,中国人对本民族的文化一直充满自信和自豪感。近代以来,我国在对外文化交流过程中,出现了文化自卑的现象,究其原因,是鸦片战争后,西方文化借"坚船利炮"传入我国,直接侵蚀、冲击着我国的传统文化和传统价值体系。此后的100多年里,不断有人宣扬"全盘西化"论,认为中国传统文化已经落后,代表现代文化发展的方向的是西方文化。时至今日,这种文化自卑心理仍然有很大的影响。比如,文化领域的"国际大奖"热,学术研究的"唯西方标准"等。另外,从现实原因看,随着文化全球化深入发展,作为强势文化的西方文化对我国民众的价值观念、思维方式、审美情趣等都产生了深刻的影响,有些人对我国传统文化缺乏信心,对复兴传统文化、增强中华文化的国际影响力感到不自信,有的甚至恶意贬低本民族的优秀传统文化。要改变这种状况,须树立中国的文化自信,需要国人更加珍视本民族的文化传统和价值,对自己的文化特质和文化价值有一个准确的判断和定位,对本民族文化发展繁荣前景充满崇敬感与自信心。深入挖掘和提炼与时俱进的思想价值和文化精神,大力繁荣发展具有中国特色、气派与风格的优秀文化;弘扬改革开放以来形成的当代新文化;积极吸收外来文化的优秀成分,构建文化自信的丰富内涵。

(二) 强化中华文化对外传播的基础性保障

从文化发达国家政府对文化对外传播的态度上看,一国文化世界影响力的提高,跟政府的重视与支持有着直接的关系。大多数文化发达国家文化能够成为世界强势文化,除了其强大的综合国力的支撑外,政府的重视和支持也是一个关键性的重要因素。正是因为政府作为强大的后盾,国家文化实现了更好、更快地向外传播。政府从国家文化发展战略的顶层设计到文化"走出去"具体形式的界定再到作为文化"走出去"的实施主体直接承担文化走出去的任务等很多环节都扮演着不可或缺的角色。中华文化对外传播战略是一项综合性国家战略,需要国家宏观设计发展思路,各级、各层力量全力配合。从发达国家的成功经验来看,国家层面的文化战略制定非常关键,文化发展战略作为顶层设计事关文化走向世界的效果和影响力的大小,关乎国家文化在世界文化版图中的地理方位。然而,与文化发达国家相比,我国文化走向世界起步迟、起点低,文化走出去的规模和层次急需提高。因为,文化全球化背景下中华文化对外传播战略是实现我国建设文化强国的需要,是我国在国际舞台上树立良好国家形象的需要,也是维护我国文化安全的需要。因此,国家要从战略的高度对文化走向世界进行顶层设计,制订详细的、可操作性的实施方案,确立好总体目标，把握好整体方向，分解好具体任务，选择好传播内容，培育好传播载体，稳步有序地推动中华文化对外传播。近年来，我国政府支持文化走向世界取得了一系列重大成就，比如，在国外大力创建孔子学院、开办海外中国文化中心，积极开拓其他有利于中国文化对外传播和交流的途径等。

（三）强化中华文化对外传播的战略基础

当今时代是一个综合国力竞争的时代。一个国家综合国力的强弱直接影响到它在国际上的任何活动，经济活动如此，政治活动如此，文化活动也如此。从这点意义上来说，综合国力是文化传播的基础和后盾。文化传播的前提是文化的吸引力，即一种文化只有在其他国家的民众中具有一定的吸引力之后，该文化才有传播的基础。而文化吸引力在很多时候与该文化所在国家的经济发展程度密切相关。一种语言在世界范围能否流行的首要决定因素就是该语言所在国的经济是否具有全球影响力。因此，我国对外文化传播正拥有一个难得的机遇，那就是我国的经济发展在世界范围内所产生的影响力正与日俱增。在我国古代文化发达的汉唐时期，中国文化在向外传播过程中取得巨大的辉煌成就，这与当时雄厚的经济实力、稳定的社会环境、政府强大的支持等是分不开的。这一时期我国国家综合实力空前强大，为中国文化的快速发展、提升对外文化交流水平、增强中国文化的国际影响力提供了良好的发展基础和外部环境，中国文化长期遥遥领先于世界，其基础就是当时国家综合国力的雄厚。一般说来，强大的综合国力会为文化走向世界的提升提供坚实的物质基础，同时也会使得文化走向世界拥有更丰满的魅力和吸引力。

中国近几年取得的一切成绩证明，中国现在已经拥有强大的综合国力，这就为中国的对外文化交流、文化输出提供了强大的实力保障。因此，中国只有加快发展，提升自己的综合国力，才能为我国对外文化传播提供一个坚实的基础。

二、跨文化传播视阈下中华文化对外传播的整体路径

（一）强化"中国模式"，促进中华文化走出去

阿富汗前总统卡尔扎伊曾经说过："如果阿富汗有机会重新选择的话，一定会走中国式的发展道路。因为它行动高效，决策果断，以结果为导向。"埃塞俄比亚驻华大使塞尤姆·梅斯芬（Seyoum Mesfin Gebredingle）曾说："我们渴望发展，我们的国家需要改变。中国用30年让6亿人脱贫，足以证明这一模式的成功，除了中国，我们还能跟谁学呢？从很多角度来看，中国与埃塞俄比亚都是中非合作的典范。我们愿意与非洲兄弟国分享经验通过'中国模式'实现共同增长。"世界众多的国际组织，比如世界银行曾经指出"中

国模式"对发展中国家具有典型的借鉴意义，这道出了"中国模式"的一个突出发展优势，在这个优势中中华文化的作用不可忽视。随着中国国际地位和国家影响力的提升，"中国机会"成为许多外国人士了解中国、关注中国的重要动机。与此同时，为了增加外国人士对中国的好感和认同感，"中国魅力"再次被放到了对外传播的重要领域。"中国机会"的背后是中国经济，而"中国魅力"则源自中国文化，两者综合即为中国模式。

1. "中国模式"须进一步彰显现代文明的进步性

改革开放以来，中国提出了一系列的高效的发展理念，不但对我国的发展，而且对世界的发展都产生了深刻的影响，回顾我国发展新理念的提出过程，从可持续发展战略到科学发展观，从和谐发展理念到和谐社会建设，再到今天"新常态"下经济发展理论、供给侧结构性改革等，这些发展理念都持续性地被国外关注和研究。中国是世界公认最早提出经济可持续发展战略的国家，早在 20 世纪 90 年代，中国就提出经济发展、保护资源和保护生态环境要相一致、相协调，当代人的发展不能危及子孙后代能够享受的资源和良好环境；21 世纪初，我国又提出了科学发展观，这又是对人类社会发展提出的一大理论成果；随后，我国又提出构建和谐社会的理念，再一次引起世界的关注。国外媒体和学者一致评价中国提出的系列发展理念对全人类的发展都有参考意义。中国的发展不同于以往世界强国崛起的路径。中国选择的是和平发展的道路，中国的现代化和民族复兴不会损害其他国家的发展利益，中国追求和平合作、互利共赢，中国不搞霸权主义、强权外交，中国坚持走和平发展道路、建设和谐世界的主张。"中国模式"已经成为中国对世界发展模式的突出贡献。西方国家认为所谓现代化和全球化就是全世界效仿西方发展道路，而中国模式的成功将颠覆一切西方认为是"现代"的内容，是一场全球意义上的"文化变革"。中国模式对中国未来的发展和世界未来的发展都具有深远意义，其世界历史价值是不言而喻的。

2. 强化"中国模式"的可借鉴价值

"中国模式"的发展经验为广大发展中国家提供了可借鉴的发展启迪。这个启迪就是几十年来中国经济社会发展的成功经验总结，其主要内容包括：立足于本国的客观实际条件，探索适合本国国情的经济社会发展模式，避免盲目抄袭、照抄照搬其他国家的发展道路；有选择、有辨别地吸收其他成功国家的发展经验和其他先进文明的文化发展成果；循序渐进、先易后难、谨慎、稳妥地推进对外开放和实施改革政策。"中国模式"的发展理念和发展方案，引发了许多发展中国家的思考，对完善本国的经济社会发展模式，找到了可以借鉴的参考并从中获益。例如，原苏联东欧各国受"中国模式"的启发，曾反思其激进的改革模式；在非洲，"中国模式"被视为摆脱贫困，实现经济社会长足发展的良药，"中国经验"引起非洲国家极大的兴趣；拉美国家也开始意识到"中国模式"的发展经验，对他们来说才是真正适合的和有益的；在亚洲，印度、越南、老挝等国也都在研究"中国模式"，分析、汲取中国经验；在中东阿拉伯国家和地区，"中国模式"也是这些国家关注的焦点，把中国作为发展的榜样。"中国模式"的成功，大大提升了我国在国际上的影响力，我国的国际话语能力不断增强，与此同时，也体现了我国发展模式、发展道路的吸引力，进而中国文化在国际上的影响和认可度也大大提升。中国发展模式，契合中国国情、适合中国特点、符合时代要求，凸显独特发展优势，在当今世界引起广泛关注，当前，以"华盛顿共识"为代表的欧美发展模式陆续陷入各种形式的危机之中，纷纷在困境、僵局中挣扎，世界各国开始重新审视欧美发展模式，西方发达国家开始思考中国发展模式的成功，反思本国发展模式。广大发展中国家希望从"中国模式"中找到可供本国借鉴的发展经验，从而更快地促进本国现代化建设，"中国模式"国际影响力和借鉴力正逐步提升。

康德说过：世界上只有两样东西是值得我们深深景仰的，一个是我们头上的灿烂星空，另一个是我们内心的崇高道德法则。中国道路、中国模式，无论如何评说，它已经登场了，而且会一直在场。我们应当客观、理性分析、完善中国道路、中国模式。推动中国文化走向世界，讲好"中国故事"是其中一个关键任务，讲好"中国故事"就是解释"中国道路"、阐述"中国经验"，"中国道路" + "中国经验" = "中国模式"，这样结论虽不全面，倒也通俗易懂，关键是作为一种成功的发展模式，如何分析孕育其成功的文化内核和价值观念才是首要的环节，即讲清楚"中国模式"中体现着中华文化元素的强大力量，这样，既让世界了解了中国，又使中国模式、中国道路、中国文化走向了世界。

3. "中国模式"应为完善西方价值理念提供新的思路

自 2008 年以来，西方资本主义在经历了系列的金融危机、债务危机、经济危机和社会价值危机之后，西方社会展开深入的反思，反思其经济社会模式在新的历史时期出现的对于社会发展的种种不适应。西方发展模式的危机频繁出现，西方学者纷纷把眼光转向顺利度过危机，并未受到危机过大冲击、且保持良好发展态势的"中国模式"，西方学者和政界人士深入研究了"中国模式"所包含的文化价值内涵，思索"中国模式"成功的诀窍，希望从中得到启发，寻找帮助西方模式走出困境的思路和方法。国家发展的模式必定是拥有经济、政治、文化等制度内涵的社会经济结构，特别是文化制度、文化价值内涵在经济发展模式中的糅合作用，可以弥补纯粹经济制度本身的缺陷，"中国模式"包含的文化价值理念是"和谐思想""包容双赢"等，这种"互利共赢""包容协作""和合"的价值观念恰恰是西方国家经济发展制度本身所缺乏的，同时也西方国家进行道德价值反思的主要内容。法国学者高大伟曾说过：在中国面前，西方要学会谦虚；中国一定是我们新世界的一个共同设计师。检验模式成功与否的客观标准，是能否促进生产力的发展、人民物质文化生活改善和社会进步；从哲学和社会角度看，"模式"是社会发展的一种样式，"中国模式"是对当代中国发展的出场语境下的独特的发展道路的描述，不是固定不变的"范式"，而是不断自我完善和发展的。具备不懈奋斗、不断修正、不断学习、不断创新的精神特质。在中国改革开放之前，英国著名历史学家汤因比就曾对中国的发展道路做出过预见性的分析："中国似乎在探索一条中间道路，把传统生活和近代的工业方式的优点结合起来，而又避免二者的缺点。……如果中国能够在社会和经济的战略方面开辟出一条新路，那么它也会证明自己有能力提供中国和世界都需要的礼物。"

4. 总结中国模式作为人类共享价值加以推广

在这个全球文化传播的时代，一个国家国际影响力的大小，最根本性的表现是其是否能够为国际社会提供具有"共享性"的政治理念和发展经验。本国的发展经验能够被世界其他国家分享，是该国价值观被别国认可的表现。更具体地说，在某种意义上，一国拥有被别国借鉴的发展模式的"定义权"和"解释权"，这个发展模式具有世界性"共享价值"，这个拥有"共享价值"定义权、解释权的国家，才算得上一个实力强大的国家。我们应该总结改革开放以来，中国经济社会发展的经验，即"中国模式"的经验作为世界"共享价值"加以推广。评估一个国家的文化在世界上的影响力是否有"同化"其他国家文化的力量，要看其政治实力、政治价值观、理念是否具有普遍性，这种一般性的价值观可以总结为人类共享价值。"中国模式"的发展经验就是一般性的价值观，是中国为世界贡献的最为精彩的"共享价值"。邓小平提出的走有中国特色的社会主义道路就可以作为一种针对发展中国家的、符合时代需求的、具有共享价值的新力量来源，作为他们的一种选择。中国有能力通过学术界和媒体变自己在制度、政策上的创新和成功为一种代表未来人类需求的新的力量来提升自己的软实力。在这方面我们还做得远远不够。中国在软实力建设中，需要运用公共外交的手段，用一种共享的情怀，适度地推广自己在社会进步和经济发展中的成功经验。

（二）援助与输出相结合，推进中华文化对外传播

对外援助是实施援助主体（包括国家、国家集团、国际组织、非政府国际组织、社会团体和个人）出于政治、经济、文化、人道主义等方面的目的，以优惠的方式向受援国或国家集团提供资金、物资、技术、文化、人力、智力等帮助的行为。马克思说："人们奋斗所争取的一切，都同他们的利益有关。"国家也不例外，因此，世界上任何国家的对外援助都有一定的目的性，各个施援国普遍将对外援助作为实现本国经济利益、政治利益、安全利益和文化利益的政策手段。

1. 对外援助促进了对外文化软实力的提升

美国著名学者约瑟夫·奈认为，软实力主要内容之一就是文化的吸引力和凝聚力，如果一个国家的思想文化和意识形态等具有吸引力和感召力，就会让其他国家乐于效仿，自愿"追随自己"，从而影响他国的政府决策和公众意愿，一国的国际地位和国际影响力就会增强。对外文化传播实际是一个国家释放文化软实力的过程，通过向国外传播文化价值

观施加影响，体现该国文化的渗透力和感召力，文化软实力的作用和影响力因形式多样的传播手段而得以扩展、流传；传播手段也由于文化软实力的存在而得以彰显。一个国家的对外文化传播取决于文化软实力的国际感召力。在当代，文化软实力既是推动一个国家经济政治发展，增强国家综合国力的重要力量，也是提升国家话语权，影响世界关系秩序走向的重要因素。福柯认为：话语与权力密不可分，真正的权力是通过"话语"来实现的。国家的发展必然与话语方式的形成相融合，话语方式建构性地塑造了国家权力。很显然，权力的获取，跟话语能力直接相关，其实话语能力本身就是拥有权力或控制权力的表现。所以，在当今世界，话语权是一种控制舆论的力量。掌握了国际话语权，就能凭借自己的技术优势，通过话语传播影响世界舆论，塑造良好的国家形象和主导国际事务。而对外援助作为一种软力量，恰恰是获得国际话语权的最好途径之一，通过对外援助，可以获得受援国的好感，进而认同施援国的文化和社会制度，使其政府的决策和民众的情感越来越亲近于受援国。在国际上，也由于施援国的对外援助行为而完善本国的国际形象，提高世界对本国的接受和认同度。在当代，国际话语权的获取可以促进国家文化软实力的提高，国际话语权同时也是国家文化软实力的反映和集中体现。所以，科学、适度地加强对外援助是我国获得国际话语权、提升对外软实力的重要途径之一。

近年来，世界各主要国家都越来越注重国际话语权的获取，获得国际话语权、提升国家软实力、加强国际影响力已成为世界主要国家突出的发展战略。进入 21 世纪以来，中国的对外援助也开始出现变化，由改革开放初期的以"经济建设为中心"逐渐转变为"以经济建设为主导，注重提升软实力"，对外援助是一个国家提高对外软实力的重要手段。当前中国政府日益注视国际发展援助和人道主义援助，这都为中国负责任大国形象的确立，消弭"中国威胁论"的影响起到了重要的作用。中国的外交理念以构建"和谐世界"为己任，倡导"合作、发展、共赢"，未来将以更加自信、务实和开放的心态，进行对外援助，在继续坚持双边对外援助为主的体系的同时，越来重视多边对外援助，以期拓展中国国际影响力，巩固中国"负责任大国"形象。

2. 通过对外援助，在受援国传播中国价值观

总结对外援助经验，对外软援助是最有效益的援助方式之一。比如，对外教育援助，可以为受援国培养各类人才，为受援国经济社会发展提供人才支撑和智力支持，帮助受援国走上可持续发展的良性轨道，同时还能培养一批对施援国具有深厚感情的友好人士，提升施援国在受援国民众心目中的形象；对外医疗援助则直接面对受援国普通民众，更能培养受援国对于施援国关系友好的民意基础。近年来，我国在保证对受援地区和国家硬援助比例不减的情况下，越来越多地使用"软援助"的形式，"软援助"形式灵活多变，富有弹性，涉及区域广泛，实施效果一定程度上，甚至超过了硬援助，"软援助"内容主要包括技术合作、人力资源开发与合作、紧急人道主义援助和志愿者服务等不同表现形式。主

要通过文化教育、对外医疗服务、志愿者服务等形式的对外"软援助",改善了受援国的软环境,亦在受援国传播中国文化价值观,以"软援助"的形式带动中华文化对外传播。

3. 通过对外援助,在受援国传播中国经验

若将中国对外援助引入良性的发展路径,首先,向受援国传播中国治理经验改革开放以来,经过三十多年的完善与发展,我国的社会治理积累了丰富的经验,治理体系越来越完善,在依法治国、民主决策、公共治理、政务公开、行政效率和社会组织发展等方面取得了巨大进步。因此,把我国社会管理的经验整理、提炼、理论化、体系化,对丰富人类社会治理经验,推进和改善全球公共治理,特别是对发展中国家治理体系的完善有着重要意义。其次,将对外援助与受援国社会治理的良性发展相结合。推动受援国经济发展和民生改善,很难不触及治理模式的变革。因此,中国的对外援助应该继续加大对受援国政府官员以及社会精英的培训力度,提高受援国的公共治理能力,为受援国积极贡献中国自身的治理经验。社会治理经验包含了一国的政治文化智慧和价值观念,受援国对施援国社会治理经验的接受,就等于接受了施援国的政治文化。这样,中国在对外援助中传播中国的治理经验,为受援国提供社会治理经验借鉴,一方面,有助于中国对外援助成果的巩固;另一方面,也开拓了中国文化走向世界的途径和提升了文化走向世界效果。

(三) 构建新型对外合作机制,促进中华文化对外传播

1. 在实施"一带一路"中传播中华文化

从跨文化传播的视角考查,"一带一路"是一种典型的跨文化传播过程和现象。文化交流与"一带一路"战略有着十分密切的联系,"一带一路"的实施将推动文化交流的深化。中国文化历来就重视交流,自 16 世纪末开始,中西方就出现了文化交流的高潮,在汉唐达到顶峰,在明朝得到深化。今天,我们依然相信,在"一带一路"的共同机遇、共同利益、共同目标的驱动下,对外文化交流一定能创造新的辉煌。2015 年,"一带一路"计划开始实施。随后,全国大多数省份都把对外文化交流与合作列为重点发展计划。制订详细的实施方案,陆续成立与"一带一路"文化交流有关的组织机构、研究院所和智库组织,为"一带一路"文化交流战略发展提供文化政策支持和智力支撑。在古代,"丝绸之路"是亚洲、欧洲和非洲等国家文化交流的友谊之路,是中外文明沟通和文化交流的主要通道。在今天,文化交流依然是"一带一路"的一项重要功能,"一带一路"正成为中国与世界文明对话的核心议题之一。

2. 在构建海外利益共同体时传播中华文化价值

十八大以来,习近平总书记在周边外交和多变外交等公共外交场合多次提及"命运共同体""利益共同体"概念。习近平勾画的亚洲命运共同体,主张继承和发扬传统的以儒

家思想为主要特征的文化观，但不主张重返中华封贡体系的旧范式。在建设亚洲命运共同体的过程中，一些国家对于中国强盛后是否会恢复中国在古代历史上曾经有过的东亚朝贡体系，是存有疑忌的。习近平勾画的亚洲命运共同体将总结吸取历史上东亚各国和平相处的重要历史经验，总结亚洲各国在现代化过程中运用以儒家思想为主要特征的东亚价值观念的重要历史经验，为今天建设命运共同体所用。中国不主张恢复历史上中华封贡体系那种过时的旧范式，中国将与各国一起寻找和总结新的亚洲文化思想，共同推动亚洲国家命运共同体的建设。

命运（利益）共同体理念体现了中华文化包容共享的价值内涵。中国与周边国家一衣带水，中国始终把发展与周边国家之间的关系作为我国外交工作的首要任务。如果将中国与周边看作一个大的群体，那么中国与周边国家的关系的发展史就是一部追求合作共赢、包容共享、构建命运（利益）共同体的历史，从和平共处五项原则到"与邻为善、以邻为伴"方针，再到"亲、诚、惠、容"的周边关系理念，都体现着构建命运（利益）共同体共同的价值光辉。命运（利益）共同体的本质是指在维护和追求本国安全和利益时兼顾他国的合理关切，在谋求本国发展中推动各国共同发展，"命运（利益）共同体"的核心理念就是分享、合作、共赢、包容，典型特点就是"你中有我、我中有你"的双边或多边关系格局，发展目标就是"不同制度、不同类型、不同发展阶段的国家相互依存、利益相融"。"命运（利益）共同体"是国际政治生态中全新的认知视角，帮助我们打破旧有的、不适应时代发展要求的国际政治利益格局，探寻人类共同的国际政治利益和价值，可以说，这是在新时期，我国对国际政治治理提出的又一新的启迪，"命运共同体"理念已成为我国处理多边与周边关系的新思路和新战略。

当国际世界还在用"零和"思维甚至冷战眼光看待国际关系时，中国依托其独特的文化价值观念，提出"命运共同体"的外交方略，用优秀传统文化中的"和合""大同"思想给当前国际社会的互利合作、国际政治经济新秩序的构建提供了新的视角，体现了中华文化的魅力与价值。

（四）充分发挥文化外交的传播作用，促进中国文化对外传播

1. 在对外交往中传播"和谐世界"理念

中国的国际政治文化观念可以从整体上概括为"和合文化"。所谓"和"就是强调团结与合作，倡导人与人之间和睦相处，强调国与国之间和平共处。当今国际政治舞台上各种纷争不断，"和合文化"的国际政治理念更加符合当前国际政治的基本准则。"和合利益，还要注重其他国家利益，不论是发达国家还是发展中国家，不论国家大小，都相互尊重，互相合作。"和谐思想"是中国对内政治和对外战略的宏观指导原则。在价值层面，和谐思想主张和睦是核心，公正是前提；在国际层面，和谐思想强调平等是基础，法制是

保障；在国家层面，和谐思想提出互信互利、包容开放是最佳方法。总之，和谐世界思想是中国作为负责大国在维护世界和平与发展方面的积极宣誓和政治承诺。这种符合世界历史发展潮流的政治理念是极具吸引力的，"和谐世界"思想是对国际政治的重要贡献，它已经为中国赢得了大多数国家的尊重，获得了广泛的认可，并且使中国成为"和平使者"。所以，在对外交往中我们应大力传播"和谐世界"的新型国际政治理念。

2. 在对外交往中彰显中华文化的独特魅力

在国际交往中彰显中华文化的独特魅力，就要基于国家文化软实力基础上培育国家文化魅力。如果一个国家的文化不能对他国人民产生魅力，该国就不会获得软实力。培育国家文化魅力，要全面地了解并客观地评估国家文化在国际上的影响力和吸引力现状，既不可不顾客观事实地盲目高估，也不可仅看到好的一面而忽视负面的问题。中华文化的现状是中华文化在大多数国人的心目中存在着模糊化的现象，这是制约国家文化软实力提高的最大瓶颈。培育中华文化魅力，是建立与中国发展要求相适应、与实现中华民族伟大复兴相匹配的崭新的中华文化，是实现中国传统文化、革命建设和改革文化以及国外优秀文化有机整合的文化形态，从人民日常生活方式中挖掘、发现和提炼出最能体现中国文化精神、最能代表中国人民生活方式的典型样式，比如美食、节日、民间工艺、民俗风情等，并加以整理、创新和推广，使之成为代表国家文化的经典名片。培育中华文化魅力，需要加强跨文化的交流。通过国际文化交流活动弘扬中国文化，使世界各国通过文化展示活动更加清楚地认识了中国传统文化的魅力所在，更全面地了解了中国，中国不再代表神秘、愚昧和未知。通过文化交流，中国的国际形象也在逐步优化。

3. 积极参与国际机制建设，承担更多的国际责任

对外软实力的一个重要方面在于担负国际责任、提升大国形象，而大国形象来源于负责任的国际互动。承担合理的国际责任是展示与增强软实力的主要手段之一，对于中国大国成长至关重要。积极参与国际机制建设，可以增强我国在国际舞台上的话语权，可以传播国家政治文化观念，提升中国软实力，改善中国国家形象。中国应该更加主动，将国际机制的理念进一步内化，促进中华文化的核心观念更加深入地走向世界。目前，中国主要应该在以下几个方面进行努力：第一，在联合国层面上，中国应该加大多边事务的合作力度，突出表现在参与联合国各项事务的力度应该加大。例如，更多地参加联合国维和行动，增加现有维和部队的人数，增加提供国际公共服务的份额，加强对国际灾难发生地区的援助等。第二，在地区层面上，我国应在地区性国际组织和区域协调机制中发挥建设和引导作用。比如上海合作组织和六方会谈机制。中国应该在上海合作组织中，发挥创立者的积极性，促进组织成员通过这个平台进行更加有效的沟通和合作，让上合组织在实质上起到管理和协调地区事务的作用。而在六方会谈中，中国应该以地区大国的身份积极斡旋，组织谈判，尽早就朝鲜核问题达成一致，确保东亚地区的安全和稳定。第三，在某些

国际制度化较弱的地区和领域，中国应该起到积极的创制作用。例如国际环境问题、海底资源分配问题、南极资源问题、北极资源问题等，都还没有进入到制度化进程，很多发达国家对于这些区域和领域的问题也是避而不谈。但是这些问题是世界各国必然要面对的，这就为中国在这些领域创立机制提供了机会和空间，中国是一个负责任的大国，应该在这些关系到人类可持续发展的领域创立可行的制度。

（五）塑造良好国家形象，促进中国文化对外传播

国家的形象传播是一种以文化为内容的政治信息的传播，国家形象的好坏，会影响国际社会对该国所从事的事业的理解与支持。雷默曾经说过，中国目前最大的战略威胁之一在于其"国家形象"。中国目前最重大的战略挑战，都与"国家形象"相关。如何塑造良好国家形象，如何让世界真正地了解中国，是中国式现代化建设、实现民族复兴的重要命题。

1. 树立和平、合作、负责任的整体国家形象

和平与发展是当今世界时代主题，但当今世界仍不太平，局部战争、国家冲突此起彼伏，全球性发展问题日益凸显，发展不平衡性愈演愈烈，"要和平""求发展""促合作"成为世界各国人民的普遍愿望，因此，树立和平、合作、负责任的整体国家形象符合我国的整体定位。树立和平友好的国家形象对我国来说非常重要。在当前国际背景下，国家利益全球化，世界各国国家利益已高度融合，"一荣俱荣，一损俱损"，世界绝大多数国家越来越厌战、弃战，追求和平，和平共处已经成为国际社会的一般价值观。从历史上看，中华民族是一个热爱和平的民族，所以，和平友好的国家形象定位是当代中国国家形象构建的关键点，我们必须想方设法，通过各种渠道澄清事实，向世界说明自己，以行动证明中国是爱好和平的国家。在国际上获得善于合作的国际形象，需要积极参与国际组织和国际制度的建构，当前，习近平总书记把我国定位为国际秩序的"维护者""建设者"和"贡献者"。这一印象体现了中国求合作的大国形象。任何大国要取得他国的信任，收获良好的国家形象，很大程度上在于他对国际社会所做的贡献，是否承担与其大国地位相匹配的国际责任与义务。因此，负责任大国形象的定位对中国国家形象构建来说也必不可少。中国是国际政治格局中重要的力量核心之一，在经济层面上，中国是世界第二大经济实体，在国际政治层面上，中国是联合国五大常任理事国之一，在国家发展程度上，中国是世界上最大的发展中国家，在军事实力上，中国是世界第三大军事强国、五个核大国之一，从文化层面上，中国是世界文明古国和文化大国，文化影响力不断提升。近年来，中国在众多、重大的国际突发经济社会事件中体现出一个负责任大国的形象，得到国际社会的广泛赞誉。

2. 建构新时期国家形象的精准传播制度

第一，注重中西文化的纽带，增强文化的认同感。除了寻找利益共同点外，寻找文化的共通点，寻找对象国的中国元素或者中国元素对对象国的影响，可以快速拉近两国之间的距离，为共鸣与认同打下基础。譬如，习近平总书记在访问法国时，就采取了"谈自己、引经典、讲故事"的策略。他在演讲中指出，他在青年时代就对法国文化抱有浓厚兴趣，话题涉及法国的历史、文化、哲学、艺术、美食等，提及 25 位法国文化巨匠。在访问墨西哥参议院时，讲述了墨西哥著名作家帕斯曾将中国哲人老子、庄子的思想翻译成西班牙文。在访问哈萨克斯坦时，接连讲述了"冼星海与阿拉木图冼星海大道""新疆小伙寻找母亲瓦莲金娜""哈萨克斯坦留学生在中国献血"三个中哈人民交往的故事。通过寻找文化纽带，可以迅速拉近传受双方的心理距离，增强文化亲近感与认同感。

第二，找准受众差异，实现中国声音的有效到达。除了因时、因地展开国家形象的宣传外，还需要对目标受众进行差异化的细分与考查，深入了解对象国的宗教信仰、文化习俗、媒体环境以及外交政策等可能对该国国民心理结构产生影响的因素。在形象传播时注重改变"大一统"的对外传播策略，采取精细化、精准化的传播策略。譬如，针对中美矛盾根源为美国对其"领导"地位担忧的问题，在对外传播时应着重强调中国"和平合作"的政策主张和"强而不霸"的发展路径，比较中美两种文化核心价值观的相似之处，从中国历史文化传统和现代文化发展现实维度进行传播，讲清文化根源，厘清文化发展脉络，让对方深刻理解中国的传统；针对中欧的文化价值观冲突，中国国家形象建构与传播的重心应落脚在寻求利益的共性上，不应过多纠缠价值观上的矛盾与冲突；所以，只有深刻地了解对象国的历史与文化，了解对象国受众的心理结构与心理期待，才能真正做到中国声音的有效到达。

3. 建立良好国民素质的培育与提升制度

马丁·路德说过，一个国家的繁荣不是取决于它的国库之殷实，不是取决于它的城堡之坚固，而是在于它的公民文明素养。随着经济的发展和对外开放的不断扩大，越来越多的外国朋友进入中国，也有越来越多的国民走出国门，每一个走出国门的国民都是文化的使者，都是国家形象的代言人。我们的一些同胞在国外公务活动或旅游中非常不注意自己的言行举止，有的人还在公共场合大声喧哗，全然不顾他人的感受；有的人不遵守公共秩序，随意插队；有的人自以为有文化，在旅游景点乱涂乱画；还有的人不守交规，乱穿马路，如此等等，不一而足。细节体现教养，细节彰显文明。这些现象致使国家形象受到严重损害。另外，在互联网平台上中国网民的表现也有一些较为偏激的行为。比如，言论较为偏激，简单、粗暴、不客观，缺乏理性，民粹主义与民族主义情绪共存，虽然，网络是自由、虚拟空间，可随意发意见，但是，如果网民言论过激，就会造成国外对中国网络民意舆情的误判，进而对中国的国家形象产生负面的印象。解决这些问题最好的途径是提升国民素质。我们可以借助于国民教育、媒体宣传等手段，引导国民理性、客观、全面地看待问题，提升国民的道德素质和文化素养，开阔视野，培养包容性，增强我国国民在对外交往和网络空间的优秀素质，改善国外民众对我国民众的看法，降低对中国社会的疑惧，优化中国的国家形象。提高国民素质有助于通过民间交往的方式推动中国文化对外传播，从而提升中国整体的国际地位。

（六）充分挖掘、整理与传播核心文化，促进中国文化对外传播

深层文化是通过非物质性文化进行传播，其主体是文化理念和价值观念等非直观性的内容。

1. 注重核心文化理念的诠释与传播

在文化对外传播中，最为核心的是深层文化的传播。浅层文化的传播能让海外受众对我国文化产生一定的兴趣，但要真正让海外受众理解和接受我国的文化，还需要向他们传播深层文化。以武术文化为例，有研究者就认为，武术文化形态相应地分为"物器技术层""制度习俗层""心理价值层"三个层次。其中，"心理价值层"是武术文化的核心。对于武术文化的对外传播，过去我们比较偏向前两个层次，今后应加强"心理价值层"的深层次的文化交流与传播。例如，韩国的电视媒体就是以民族文化为根基制作出引起共鸣或至少是可以得到认同的电视节目，并在深层文化方面进行潜移默化的渗透。在深层文化方面，核心文化理念又是对外电视传播内容的重中之重。核心文化理念包括价值观念、宗教信仰等内容，它是文化的精髓所在，也是我国对外文化传播的出发点和落脚点。

2. 注重核心价值观念的界定与传播

对外核心价值观传播是对外文化传播的关键环节，核心价值观代表着深层文化，深层文化传播不同于以各种文化符号为代表的浅层文化的传播，浅层文化直观、形象、简单、易懂，而深层文化传播要面临理解困境，理解的程度决定接受的程度。另外，我国的核心价值观对外传播还要面临一层国外意识形态审视的障碍。所以，我国对外核心价值观传播要做到技巧与内涵的统一。对外核心价值观传播要讲究技巧，既要与国内弘扬的价值观有相同的精髓和实质，又要在称谓和内容结构上"内外有别"。著名学者关世杰教授曾提出，关于我国社会核心价值观的称谓大致有社会主义核心价值观、当代中国核心价值观、中华民族核心价值观的三种说法。这一界定为我们提供了一个很好的参考，即在对外传播中，为避免意识形态色彩，使用"中国核心价值观"的说法比较稳妥。"从价值观的来源看，当代中国核心价值观来自中国传统文化、五四以来的新文化和外来文化。因而我们需要从中遴选出中华特色的核心价值观。当今具有中华特色核心价值观源自中国传统文化中的核心价值观（当然是对这些价值观的新的解读），和五四运动以来中国人民创造的新核心价值观。"在我国对外传播核心价值观的过程中应兼顾传统价值观和当代价值观，二者不可

厚此薄彼。我国著名学者余新天认为："世界各国人民更关心的是今天中国人所信奉的文化价值观，是今天中国人的思想和言行，或者说古代圣贤的智慧如何体现于今人的态度。"我国对外传播的核心价值观念要有机融合传统文化中的核心价值观和当代文化中的核心价值观。

关世杰教授经过深入研究，提出了中国传统与当代的核心价值观所包括的内容，中国传统文化中的具有共享性的核心价值观主要有：仁、恕（己所不欲，勿施于人）、孝、和而不同、辩证思维、天人合一。五四运动以来中国人民创造的新的且具有共享性的核心价值观主要有：科学发展、共同富裕、和谐世界、人民至上、集体主义、集体人权。

3. 在全球思想观念价值平台上塑造中国梦

面对中国在价值观外交上的困境，中国的对外文化传播要借助各种外交平台，用对人类有共享价值的中国文化、中国思想、中国精神对外开展全方位的文化渗透，特别是用"为人民服务"这个典型的核心价值观念作为国家品牌，在世界上推销中国。在全球思想观念市场塑造中国梦，表达中国核心价值观，争夺如"自由""民主""人权"等核心概念的定义权和解释权。硬实力比拼的是一国在军事或经济上的实力，一国通过军事或经济的力量，占领了土地或赢得了市场；软实力比拼的则是一国在信息世界和思想世界里编故事和传播故事的能力，"国民之魂，文以化之；国家之神，文以铸之。"中华民族五千多年的历史，构筑了博大精深、底蕴深厚的中华传统文化，形成了勤劳勇敢、自强不息的民族精神。尤其在西方文化的冲击前，我们更要坚持中国传统优秀文化，发展中国当代文化，讲好中国故事，弘扬中国精神，塑造中国梦。

三、跨文化传播视阈下中华文化对外传播的具体路径

（一）以国际社会需求为导向，强化文化供给

只有被世界其他国家接受的文化，才是具有国际影响力的文化。文化要想被世界其他国家接受，其文化的精神和内涵必须契合国际社会的需求。因而，中国要以国际视角和全局视野看待文化建设，坚持文化自信，弘扬和传播中国优秀传统文化。同时，契合国际社会文化需求，以全球文化供给和价值认同共塑包容并茂的世界文化格局，使中国文化日益成为国际传播的重要内容和力量支撑。加强契合国际社会需求的文化建设，为海外读者提供乐于接受的文化模式，成为讲好中国故事，传播好中国声音的重要基础。

1. 以创新为基础，加强文化内容建设

文化传承与创新是文化建设的基本内容，是文化繁荣发展的保障，也是文化产生持久影响力的基础。中国国际传播实践及美英日等国国际传播内容建设的成功经验向世人昭

示，以创新为基础的文化内容建设是加强国际传播能力提升文化软实力的重要保障。中国加强国际传播能力应在弘扬传统文化的基础上，积极主动地开展文化创新。

第一，推动流行文化的创意发展。流行文化是增强国际传播能力的重要力量，英美日等国际传播能力强国，无一不是流行文化输出强国。中国的国际传播能力建设，必须依靠流行文化，因为流行文化为一国国际传播能力建设提供了理想的场所。然而，中国国际传播能力建构面临的一个主要问题就是流行文化还不具有与海外同类流行文化相抗衡的实力，进而还远不能承担文化价值观的国际传播作用。如何加强流行文化建设，增强国际传播能力呢？一是增强对流行文化重要性的认识。中国流行文化之所以落后于海外同类流行文化，成为拖累国际传播能力建设的软肋，一个重要的原因就是对现代流行文化的国际影响力和侵染力认识不足，进而导致对流行文化建设的缺位。中国加强流行文化建设，首要的是转变思想观念，提高对流行文化重要性的认识，主动打造引领国际流行文化发展的文化精品。二是建设具有中国特色的流行文化。英美日等国流行文化建设表明，只有既具有本国特色，又具有全球适应性的流行文化才能具有强大的影响力。当前中国流行文化，主要受到来自西方思想的影响，带有明显的西方背景，在国际传播中毫无特色可言。因而中国的流行文化建设，应在综合实力的基础上，重点突出民族精神传统和当代普世价值，同时兼具中国发展的内容和意义，从而创作既与国际需求相契合又具有中国特色的先进的流行文化。三是推动创意文化发展。发展文化创意产业是加强国际传播能力，提升文化软实力的有效途径。中国流行文化建设缺乏对创意产业的重视，中国应积极参与创意产业发展，在国际上形成具有中国品牌的流行文化，助推国际传播能力建设。

第二，加强传统文化的创新发展。优秀传统文化是中华民族的灵魂和精神命脉，是文化自信的基石，是中国进行国际传播的重要内容。然而，中国传统文化的国际传播却面临着水土不服。一方面，中国传统文化中存在不能契合国际社会需要的内容；另一方面，中国传统文化难以与国际社会形成情感共鸣。如何在当前百年变局和世纪疫情的历史关口，把中国优秀传统文化转化为契合国际社会需求，在国际社会普遍形成情感共鸣，对于中国国际传播能力建设进程至关重要，是关系到中国提升文化软实力的重要命题。习近平总书记为传统文化发展指明了道路，指出不断推进传统文化"创造性转化、创新性发展"。一是区分和发掘传统文化中的优秀成分。中国传统文化中精华与糟粕、特殊性与普遍适用性并存，科学辨别传统文化的优秀成分成为加强国际传播能力建设的重要前提。中国以文化内容为核心的国际传播能力建设，要特别注意发掘传统文化中那些具有世界普遍适用性的部分，真正契合社会需求，使其成为被世界其他国家普遍接受的文化，从而增强中国传统文化的影响力。二是要融通和创新传统文化。对于优秀的传统文化，不应该停留在继承、区分和发掘层面，更重要的是对其进行现代化的诠释，激活传统文化中的优秀成分，以适应国际社会发展的需要。激活传统文化离不开创新，也离不开融通中外，创新才能使传统文化具有新的生命力，融通中外才能形成情感共鸣，被国际社会更好地接受。三是传统文化创新是有限度的，对它们的创新不能越出自己所处社会许可的范围，以免陷入"文化困境"。传统文化的创新发展，成为国际传播的内容建设的重要方式。

第三，重点建设中国特色社会主义核心价值观。美、英、日等国国际传播能力建设经验表明，核心价值观是国际传播的核心内容，是国际传播能力建设的重中之重。中国要加强国际传播能力建设，提升文化软实力，其核心是持续推动中国特色社会主义核心价值观建设。一是核心价值观引领理念文化建设。社会主义核心价值观是在坚持马列主义和毛泽东思想基本原则的基础上，继承和发扬中国传统价值观的精髓，同时汲取人类文明的优秀成果，契合时代特点和时代要求，最终形成了诸多价值观中的"最大公约数"，是多元价值观的主导和引领。在核心价值观引领下，中国积极推动理念文化建设，人类命运共同体意识由此产生和传播，产生了巨大的国际影响力。二是核心价值观引领制度文化建设。社会主义核心价值观中"富强、民主、文明、和谐"等价值理念集中体现了社会主义在制度层面的价值目标，是中国制度文化建设所须遵循的价值原则。在此理念引领下，中国制度文化建设取得卓越的成效，"一带一路"倡议是中国提供给世界的制度性公共产品，是中国核心价值观在国际社会的集中反映。三是核心价值观引领物质文化建设。在核心价值观引领下，中国参与国际事务、国际援助和基础设施建设，为国际社会积极贡献物质性公共产品，促进了国际社会的发展。中国积极推动社会主义核心价值观建设，与推动国际理念文化、制度文化和物质文化建设一脉相承，是中国文化国际传播建设的重要内容。

2. 以需求为导向，加强全球文化供给

全球文化供给要以国际社会需求为导向，向全球和地区层面提供可被接受的流行和思想文化，其核心是流行文化和思想文化被解释、传播和复制。文化被接受程度，在一定程度上决定了国家传播的成败和文化软实力的大小。能否实现全球文化供给、在多大程度上实现全球文化供给成为国际传播能力建设的关键。

第一，增强高质量流行文化供给。世界期待了解中国，流行文化成为让世界了解中国的最便捷途径。中国向全球供给的流行文化颇多，但囿于流行文化质量，文化软实力提升有限。中国应以高质量的流行文化供给为基础，用流行的方式传播中国文化、理念和价值，进而提升国际传播能力和文化软实力。一是中餐文化。中餐文化（Chinese Food Culture）是中国传统文化、思想意识、价值观念和处世之道的反映，是中国在全球范围内流行文化的集大成者。中餐文化已成为世界认可度、接受度最广的中国流行文化，成为中国文化"走出去"的典型代表。中国应加强中餐文化内容和品牌建设，向全球输出更加符合国际社会需求和中国传统文化的中餐文化。二是功夫文化。功夫是中国传统文化的重要组成部分，通过广泛的国际传播，在美国，乃至全世界产生了重大影响，已经成为具有明显中国标识的国际流行文化。李小龙、成龙等是中国功夫文化国际传播的名片，但当前中国

功夫文化在全球再次掀起流行高潮则归功于美国迪士尼动画电影《功夫熊猫》的全球热播，也显示出功夫文化是能被世界理解、接受的文化。三是网络支付文化。随着中国综合实力提升，以及网络技术的发展，以网络支付为标志的快捷生活走向时代前沿，这是中国原创的适应国际社会需求的新的消费形式，树立起来了流行文化国际传播的中国品牌。中国应继续向国际社会提供具有原创性的适应国际社会需求的流行文化，以加强国际传播和提升文化软实力。

第二，增强高质量思想文化供给。满足国际社会需求，供给高质量思想文化，是增强国际传播能力和提升文化软实力的关键。思想文化是诸多观念、信念、标准、生活方式等的集合，它反映了当代中国文化的根本性质和发展方向。积极推动契合国际社会需求的思想文化建设，向全球供给高质量思想文化，能有效助推中国国际传播能力和文化软实力建设。中国向全球的思想文化供给是什么？一是"天下为公"的精神。2019年，电影《流浪地球》在国内外的热播，既展示又传播了中国传统思想文化中"天下为公"的精神。"天下兴亡，匹夫有责"，面对人类面临的灾难，中国不愿意抛弃文明诞生之地，没有选择一走了之，而是选择合作共同战胜灾难。"小球"流荡到全球，中国的思想文化得到了展示，受到了热议，引起了广泛的认同。在当前人类面临世纪疫情之际，中国积极开展抗击疫情的国际援助和合作，帮助其他国家共渡难关，切实体现了"天下为公"的精神。二是"自强不息"的精神。自强不息是中国思想文化的核心理念，集中展现了中国人民积极的人生态度和崇高的国际责任。2020年中国实现全面脱贫，这是中国人民自强不息精神的集中写照。中国人民在自强不息精神指引下，变革创新、不懈奋斗，战胜了困难，经受住了考验，取得的彪炳史册的人间奇迹。中国全面脱贫为全球脱贫树立了榜样，得到国际社会的广泛赞誉，自强不息的中国精神走向世界。三是中国成功的发展模式。"中国模式"是中国在经济、社会发展中形成世界上独一无二的，并适合中国国情的特殊模式，是对中国奇迹、中国地位、中国道路、中国经验、中国崛起的集中解释。在全球范围内，"中国模式"反映了中国的思想文化内涵，区别于"西方模式"的发展路径，对东南亚、非洲等地区国家产生影响力，被它们模仿、复制和传播。

第三，增强全球治理的高质量方案供给。全球治理的制度方案主要指中国为全球治理提供的一系列制度，是中国的制度文化与国际社会需求相适应的反映。中国向国际社会提供的制度方案主要包括区域性制度方案，即"上海合作组织"；全球性制度方案，即"一带一路"倡议；领域性制度方案，即"亚洲基础设施投资银行"（AIIB）。一是上海合作组织。上海合作组织（上合组织"）是中国直接参与构建的首个区域性国际组织，是欧亚地区最大最具影响力的区域性国际组织，是中国供给的最重要的区域性制度安排。中国为上合组织的诞生和发展，提供了理念、价值和文化等支撑，巩固和加深了成员国合作的思想基础，推动着上合组织制度建设的发展。近年来，上合组织作用和影响力不断扩大，特别是在新冠疫情期间，上合组织显示出强大的生命力，上合组织及"上海精神"获得国际社会的广泛认可。二是"一带一路"倡议。"一带一路"是中国对外开放的重大战略举措和经济外交的顶层设计，是具有中国特色和中国智慧的全球治理的中国制度方案。"一带一路"蕴涵着人类文明的宝贵遗产，秉持着"共商、共建、共享"的中国理念，实现着全球的"互联互通"。八年来，"一带一路"取得重要成就，国际影响力不断提升，成为当今世界广泛参与的国际合作平台和普受欢迎的国际公共产品。三是亚投行。亚投行是中国在金融领域的制度创新，已经成为中国供给的最主要的金融领域的中国方案。亚投行是对全球金融体系安排的有益补充，是推进全球"互联互通"的中国力量。自成立以来，亚投行影响力与日俱增，覆盖范围不断扩大，国际认可度不断提升，国际信用评级不断提高，成为全球经济治理的中国方案。在新冠肺炎期间，上合组织、"一带一路"和亚投行均发挥了重要作用，具有强大的生命力，成为维持世界和平发展的重要制度安排。

3. 以共通为核心，实现中国价值认同

每个国家都有自己的价值观和意识形态，只有自己的价值观和意识形态与国际社会共通，才能被其他国家认同。价值共通主要表现为两种形式，一是价值认同，这是价值共通的主要表现形式；二是价值相异，即一国虽不赞同另一国所持的价值理念，但却能够理解一国持有这种价值理念的缘由。因而，中国加强国际传播能力建设，提升文化软实力要以共通为核心实现国际社会对中国价值理念的认同。

第一，增进共通的价值观念建设。共通是价值观念产生吸引力和影响力的前提和关键，中国提升文化软实力首要在于增进与国际社会共通的价值观念建设与传播。当前产生共通效能的中国价值观念主要包括和谐、义利观和知行合一等，它们被国际社会所接受、分享、传播和复制，从而提升了文化软实力。一是"和谐世界"理念。虽然和平与发展是时代的主题，合作是国际社会的主流，但并不意味着世界没有冲突。面对百年变局和世纪疫情，世界不同国家、地区、种族和民族间冲突不断。如当前愈演愈烈的中美"贸易战"及"舆论战"、正在进行的"俄乌冲突"等，这既是西方"二元对立"价值观所引起，亦是西方鼓吹文明冲突的恶果。中国传统价值观中的"和谐"，经过契合时代需求的创新与发展，最终形成了"和谐世界"理念，能有效避免冲突。和谐不意味着没有差异，而是意指世界所有文明、社会制度和发展模式都可以相互学习、相互补充和相互支持。和谐超越"二元对立"，由和谐引发的相互尊重、和平、合作、共存、共赢发展在国际上引起普遍共振，被世界普遍接受。二是正确义利观。正确义利观是对中国传统义利观的继承，是对新中国外交传统的发展和西方国际关系理论的反思。正确义利观要求正确对待"义"和"利"的关系，强调重视道义和责任。"义"反映中国主张的"共同发展"理念，"利"则指要恪守的"合作共赢"原则，义利观就是要求人类和平、合作、和谐发展，不唯利是图、斤斤计较。在正确利益观指引下，中国积极推进"一带一路"建设、构建新型大国关

系和人类命运共同体等，为国际社会所认同与接受，成为引起世界共鸣中国价值理念。三是重视"知行合一"理念。"知行合一"强调要以"知"促"行"、以"行"促"知"，在它的指引下，中国积极参与国际维和、国际救援、国际援助、气候治理等，体现了中国的责任担当。中国的价值观得到国际社会欣赏和认同，引起国际社会极大关注。

第二，增强意识形态认同建设。意识形态是什么，学术界存在比较大的分歧。尽管对意识形态是什么存在分歧，但中国与西方国家意识形态鸿沟却真实存在。中国亟须增强意识形态国际认同建设，减轻或者消除意识形态对抗，提升中国文化软实力。一是推动国际社会承认中国意识形态的客观性。社会主义运动是客观存在的，从"巴黎公社"，到"苏联模式"，再到中国特色社会主义新时代，已经走过了数百年的历史进程。社会主义意识形态是伴随着社会主义运动而产生的，社会主义运动的客观性决定了意识形态的客观性。中国应积极推动国际社会对客观存在的社会主义的承认，从而使当代中国意识形态的客观性得到承认。二是推动国际社会理解中国意识形态的合理性。中国的意识形态是合理的合法的，就合理性而言，当代中国意识形态是马克思主义与传统文化相结合的产物，是国家发展之魂，有效指导了中国经济社会的发展；就合法性而言，当代中国意识形态是历史的选择，是保证党的执政与社会主义内在原则的一致性，赢得了最广大人民的信任和支持。国际社会应该充分尊重历史和人民的选择，看清中国经济社会发展的成就，理解中国意识形态在中国的合理合法性。三是推动国际社会接纳中国意识形态。习近平新时代中国特色社会主义思想是当代中国意识形态的最新发展，是中国开展国际行动的指南。在习近平新时代中国特色社会主义思想指引下，中国推动建设全面改革开放格局，打造"共商、共建、共享"的全球治理体系，构建新型国际关系和人类命运共同体，促进"一带一路"建设，为世界和平与发展做出重大贡献。当代中国意识形态显示出明显的人类共通性，当中国积极推动的重大贡献被世界所接受，中国的意识形态也就被国际社会接纳。

第三，增强全球治理的理念方案供给。回顾历史，有影响力的大国都会贡献被国际社会接受的理念方案。中国基于自身的传统文化和发展经验，并契合国际社会的现实需要，贡献了很多原创性的全球治理理念方案。一是和平共处五项基本原则。和平共处五项基本原则是新中国贡献给世界的第一份理念方案。中国理念，世界共享，"五项原则"先后被"万隆会议"、不结盟运动、《国际法原则宣言》《新国际经济秩序宣言》等一系列国际组织和国际文件所接受。"五项原则"取得重要成就，得到国际社会的广泛认可、赞同和遵守，已经成为国际关系的基本准则和国际法基本原则。在百年变局下，"五项原则"精神历久弥新、历久弥深、历久弥坚，始终是维护世界和平、促进共同发展中国方案。二是构建新型国际关系。传统国际关系中，结盟和对抗是常态，但旧有国际关系模式已不能适应新的历史要求。面对"国际关系向何处去"，中国提出构建以合作共赢为核心的新型国际关系，成为 21 世纪国际关系发展的重要理念和"中国方案"。特别是在百年变局和世纪疫情背景下，国际关系呈现出新的大国对抗，构建新型国际关系能有效改善关系紧张局势。三是构建人类命运共同体。为解决全人类面临的一系列迫切问题，实现人类长久和平与发展，中国提出构建人类命运共同体的理念方案。人类命运共同体理念是对中国传统文化的继承，是对马克思主义"共同体"理论的创新，是契合国际社会需求，改变世界的伟大创造。它的基本价值诉求是实现共同体成员的共同利益，核心是文明层面对同舟共济理念的由衷认同。人类命运共同体理念自提出以来，已经成为各种国际组织决议中的"常客"，日益深入人心，已成为世界共识，显示出中国理念方案的国际影响力、感召力、塑造力。在新冠肺炎疫情之下，构建人类卫生健康共同体是对命运共同体理念的丰富与完善，推动"中国方案"的与时俱进。

（二）加强多元化的对外传播渠道建设

文化对外传播中，契合国际社会需求的文化内容需要依靠完善的信息传播渠道，才能得到更好的传播，进而引起国际社会的认可和共鸣。由于中国缺乏完善的国际传播渠道，以至于文化价值观的对外传播遇到阻碍，我国文化软实力的提升遇到困境。中华文化的对外传播，重要的是加强多元化传播渠道建设，以有效提升文化软实力。

1. 加强国内媒体国际传播渠道建设

国内媒体是中国进行国际传播的主要力量，也是助推中国国际传播能力提升的关键力量。中国加强国际传播渠道建设，首要关注的是国内媒体的国际传播渠道建设。

第一，强化传统媒体国际传播渠道建设。中国国际传播实践和各国国际传播能力建设经验表明，传统媒体在国际传播中发挥着重要作用。在互联网时代，传统媒体的传播效能受到削弱，但借助互联网的赋能，传统媒体依然是国际传播的重要力量，发挥着不可替代的作用。中国加强国际传播能力建设，应注重传统媒体的国际传播渠道建设，发挥传统媒体在国际传播的巨大作用。一是重视通讯社的建设。新华通讯社（新华社）、中国新闻社（中新社）是新中国进行国际传播的中坚力量，它们的国际传播能力在相当长的历史阶段中代表着国家的国际传播能力，在当前依然是中国国际传播能力的象征。进入新时代，习近平总书记指出，新华社要加快建设国际一流的新型世界性通讯社。世界性通讯社最主要的特点是拥有广泛的国际传播渠道，新华社建设的目标表明对国际传播渠道建设的重视。二是重视传统报纸的国际传播渠道建设。以人民日报为代表的传统报刊，在新中国成立后的相当长的时间内承担着中国国际传播的重任，是世界观察中国、了解中国的重要窗口，是中国走向世界的重要桥梁。特别是人民日报海外版的创办是人民日报国际传播渠道的新拓展，在当前国际传播能力建设背景下，应更加注重《人民日报》的国际传播渠道开拓。习近平总书记指出，人民日报应构建全媒体传播格局，将人民日报的国际传播与渠道建设直接联系起来，显示出对传统媒体新渠道建设的关注。三是强化出版"走出去"。出版

"走出去"是对传统书刊传播渠道的进一步拓展,是文化价值观国际传播的重要渠道,有助于中国文化价值观的国际传播。中国正整合出版资源,强化外文出版建设,推动出版"走出去",以书籍为渠道进行文化价值观的国际传播。

第二,重视新媒体国际传播渠道建设。新媒体是一个历时性的并不明确的概念,但人们普遍认为,新媒体是与传统媒体相对应的概念,是指以数字化、互动性为基本特征的具有创新性的媒体形态。简单而言,新媒体主要是指当今的网络化媒体。中国加强国际传播能力建设需要重视新媒体的国际传播渠道建设,这是因为,传统的国际传播被西方所垄断,新媒体建设有助于在西方垄断格局下开辟新的国际传播渠道。中国重视网络媒体建设,一是积极支持主流媒体网络化。新华社、人民日报、光明日报等国家通讯社和主流媒体纷纷开始建设网站,以数字化的方式开展国际传播。如人民日报网络化建设初见成效,人民网目前已发展成拥有 15 个境外公司或办事处,使用 13 种外语进行国际传播的庞大媒体。在新冠肺炎疫情期间,通过多语言的网络平台传播中国抗疫的国际合作精神,与西方涉华舆论进行对抗,显示出强大的国际影响力。但中国的新媒体与国际传播能力强国差距明显,中国应该更加重视传统媒体的网络化、海外化拓展,以国际传播渠道建设为核心,促进国际传播能力建设。二是支持媒体融合发展。中国积极支持媒体融合发展,一方面,支持传统媒体开发多语言版本的客户端,有针对性地进行国际传播;另一方面,支持传统媒体进驻国外社交媒体,开辟新的传统渠道。如 2021 年人民日报客户端推出的《江河情愿》,取得良好国际传播效果,获得 31 届中国新闻界一等奖。中国应该持续推动新媒体建设,在主流媒体开拓新媒体化的同时,积极支持民间新媒体的发展,以呈现网络空间中"民间声音"。

第三,着力打造国际一流媒体。每一个国际传播能力强国,都有一个甚至多个国际一流媒体。美国有线电视新闻网(CNN)、英国广播公司(BBC)、日本广播协会(NHK)等是国际一流媒体的典型代表,正是依靠所拥有的国际一流媒体,美、英、日等国的文化价值观才能得到广泛的国际传播,进而提升了其文化软实力。中国国际传播能力建设,应着力提高媒体的国际影响力、运营能力和全球性立体化全方位的传播渠道,打造国际一流媒体。美国有 CNN,英国有 BBC,日本有 NHK,中国有什么样的国际一流媒体呢?中国广播电视总台(CMG)的组建有望使其成为与美国 CNN、英国有 BBC 和日本 NHK 相匹敌的,具有国际影响力、号召力的国际一流媒体。如何才能打造国际一流媒体呢?正如习近平总书记希望的那样,中国广播电视总台要不断开拓创新,才能打造具有强大引领力、传播力、影响力的国际一流新型主流媒体。当前中央广播电视总台正在不断开拓创新,努力加强自身国际传播能力建设。一是总台内各部门之间协同合作。中央广播电视总台既有广播,又有电视;既有宏观把握的综合频道、新闻频道,又有不同视角切入的中文国际和中国国际电视台各外语频道。它们之间的协同合作、相互补充,有效拓展国际传播渠道,传播中国文化价值观。二是加强中国国际电视台（CGTN）建设。中国国际电视台是中国进行国际传播的专门机构，中国一方面加强 CGTN 建设，提高覆盖率和传播力；另一方面在国外无端撤销 CGTN 广播许可的情况下，与国外交涉，维持 CGTN 的正常落地运行。三是拓展海外渠道。中国广播电视总台积极整合和优化频道频率、海外总站、驻外站点等海外传播渠道，不断拓展各种渠道的覆盖面，使世界大部分地区都等收到来自中国的声音或画面。由此，中国国际广播电视总台正在成为中国打造的国际一流媒体。

2. 拓展海外媒体国际传播渠道建设

在国际传播能力建设过程中，除了苦修内功强化国内媒体国际传播渠道建设之外，还应外修渠道拓展海外媒体国际传播渠道建设。在中国经济实力、传媒实力不断提高的今天，应不失时机地展开对外扩张，通过广辟海外传播渠道发出中国声音，讲好中国故事。

第一，直接构建海外传播阵地。直接构建海外传播阵地是实现国际传播真正"走出去"，把国际传播的后方变成国际传播最前沿的重要手段。延安时期国际传播实践表明，自主构建的海外传播媒体是中国文化价值观国际传播的最直接渠道，是提升国际传播能力的重要方式。中国应在国外政策允许的框架范围内，推动报纸、期刊、广播、电视等媒体直接落户当地，建设让驻在国能接受的国际媒体。就报纸而言，中国应该直接创办境外报纸。中国在创办境外报纸始于 1996 年的《新民晚报·美国版》，这是国内第一份在海外采编、发行和设置记者站的报纸，成为中国在美国开展传播的有效渠道。但中国报纸"走出去"直接在海外创办报纸还处于发展期，各大报纸的外文版大多是在国内编辑发行，主要针对在本国居住的外国人，影响力和传播力均受到限制。考虑到在海外直接创办报纸的困境，中国报纸可以考虑与当地媒体和组织合作，实现在地化运营。就广播电视频道而言，一方面，主流媒体可以采用整频道进入策略，CGTN 和蓝海电视就是以整频道进入国外运营的典范，目前已覆盖全球 160 多个国家和地区；另一方面，民营企业可以直接在国外开展数字电视运营，如四达时代自 2007 年就在卢旺达开展数字电视运营，当前已在尼日利亚、乌干达、南非等非洲 30 多个国家和地区注册成立数字电视运营公司，发展数字电视用户超过 1 300 万，是非洲重要的视频流量拥有者和家庭视频流量入口。

此外，中国主流媒体在国外建立的分支机构也属于中国在海外直接构建的国际传播阵地，需要进一步加强中国媒体驻外分支的发展。但在疫情之下，中国很多驻外传播机构被美国视为"外交使团"，中国国际传播面临制约，值得中国警惕。

第二，迂回介入国际主流媒体运营。在国外直接创办媒体的进入门槛比较高，同时已有的驻外媒体机构也往往被西方视为"外交使团"，中国直接创办海外媒体之路艰难。中国有实力的传媒集团可以转变思路，充分利用西方国家成熟的市场机制，通过产权交易参股或控股，或者市场交易换股，抑或直接兼并收购，借助资本手段实现传媒的快速扩张，以完成国际传播渠道建设之重任。参股或控股海外主流媒体是本土传媒拓展国际传播渠道的重要方式。参股和控股海外主流媒体，一方面，可以借助海外主流媒体的各种资源，补足中国传媒开拓国际主流市场能力的短板，使中国媒体快速切入国际主流市场；另一方面，可以与海外主流媒体建立长期的利益共同体，有效规避各种针对中国媒体的风险。除了参股或控股外，适当收购并购海外主流媒体也是迂回介入国际媒体运营的重要方式。2008年，《华商报》并购《南非华人报》成功，拓展了中国对非传播的渠道。由中国负责管理整个报纸的运营，已经成为南非甚至整个非洲最有影响力的华文报纸，为中华文化在非洲的传播起到了巨大的作用。

此外，英国的普罗派乐电视台、阿联酋的阿拉迪尔卫视（ABB亚洲卫视）、中国香港的《南华早报》等均是中国海外媒体收购并购的成功案例，极大地拓展了中国国际传播渠道。但当前中国参股控股、收购并购海外主流媒体的成果案例很少，难以实现拓展国际传播渠道的需要。中国拓展国际传播渠道，需要进一步参股控股或者直接收购并购有重要影响力的海外主流媒体，实现"借船出海"。

第三，借助国际主流媒体力量。除了直接构建海外传播阵地，迂回介入国际主流媒体运营外，借助国际媒体力量也是拓展国际传播渠道的重要方式。国际媒体为国际传播能力弱小的国家和地区提供了国际传播的机会。延安时期，中国共产党在自身国际传播手段有限的情况下，实现了有效的国际传播，其重要原因就是善于借助国际媒体的力量。当前中国加强国际传播的渠道建设，也应该重视国际媒体力量，善于利用国际媒体，使其成为"发出中国声音，讲好中国故事"的渠道。如何借助国际媒体力量呢？领导人直接接受国外媒体采访是重要的形式。习近平总书记先后多次接受国际媒体专访，如2015年在访美前夕接受《华尔街日报》的采访，就全球治理架构安排、国际热点问题、"中国梦"、中美关系、对市场危机的反应、在南海建设岛礁的行动、网络安全以及北京的反腐行动等国际社会关注的中国热点问题向国外进行了详细的回复。《华尔街日报》全文转载，成为中国观点国际传播渠道。除了接受专访之外，领导人直接在国外媒体发表文章也是借助国际媒体发出中国声音的重要方式。在海外主流媒体发表署名文章，显示出领导人对海外主流媒体传播渠道的重视，使其为己所用，有效促进了中国文化价值观的传播。此外，邀请外国记者实地参访也是借助国际媒体力量的方式。在国际社会掀起围攻新疆棉花浪潮之际，中国发起"中国有约 A Date with China"国际采访活动，广泛邀请外国记者实地采访新疆，以外国记者的实际视角，传播新疆发展的实际情况，取得了显著效果。

3. 积极拓展社交媒体新途径

社交媒体构成了一种位于主流媒体系统之外的替代媒体，表达了一种与当前国际传播秩序不同的新传播秩序。也就是说，社交媒体国际传播中发挥着越来越重要的作用，成为打破当前国际传播秩序新的推动力。中国加强国际传播能力建设，应更加关注对社交媒体新途径的拓展。

第一，打造中国自己的社交媒体。社交媒体在当下已经成为国际舆论最重要的场域，它超越了印刷媒体和广播电视的覆盖范围，基本上吸引了所有类型的用户，将世界各地的人们紧密联系起来。就覆盖范围而言，社交媒体几乎覆盖了全球的每一个角落；就覆盖人口而言，截至 2021 年 1 月，全球共有 46.6 亿社交媒体用户，占全球总人口的 59.5%。然而，当前普及范围和使用率最高的社交媒体几乎被美国所垄断，根据 Statista 发布数据显示，2020 年按全球社交媒体活跃使用渗透率排名，美国社交媒体占据了前 7 位；按用户活跃量排名，美国社交媒体占据世界前 4 位，国际社交舆论场域中美国社交媒体占据绝对优势。然而以美国为首的西方国家将社交媒体作为政治工具，自 2017 年以来，特别是随着新冠肺炎疫情发展，中国逐渐成为社交媒体舆论"新冷战"的"风暴眼"。为对抗社交媒体"新冷战"，中国也在打造属于自己的国际社交媒体。微信、微博等是中国最早的社交媒体，现在正在发挥着国际影响力。如在 2022 年的俄乌冲突中，微博认证的英国首相、俄罗斯驻华大使馆、乌克兰信使、法国驻华大使馆、英国驻华使馆等纷纷在新浪微博中就俄乌冲突问题表态，显示出中国社交媒体越来越具有国际影响力。但微博是以中文为主的社交媒体，对海外受众的影响力有限。真正开启中国社交媒体"走出去"元年的是抖音海外版"Tik Tok"在国际社会的走红。"Tik Tok"是以外文切入国际社会，被纽约时报描述为"社交媒体世界中令人耳目一新的异类""使用起来非常有趣"，目前已经成为世界覆盖率和用户活跃量最高的国际社交媒体之一。然而，"Tik Tok"内容偏重娱乐和文化，受众偏重年青一代，距离改变社交媒体领域"西强东弱"国际传播格局尚有差距。中国仍须加强多元化的社交媒体建设，持续推动社交媒体"走出去"，使其真正成为中国文化价值观国际传播的渠道。

第二，利用好海外社交媒体。在社交媒体高度发展的当下，中国重视社交媒体的国际传播建设，在打造自己的社交媒体的同时，也重视利用海外社交媒体为自身国际传播服务。就国内传统媒体而言，它们纷纷抢滩海外社交媒体平台。新华社、《人民日报》《中国日报》、中央广播电视总台（中国国际电视台）等国内主流媒体积极在脸书、推特、优兔等海外社交媒体上开设官方账号，发布文字、图片、音频和视频等内容，努力以潜移默化的方式影响着国外受众。以中国国际电视台为例，它先后在脸书、推特、优兔等海外社交媒体运营多个账户，在脸书拥有 1.17 亿粉丝、推特拥有 1 330 万粉丝、优兔拥有 273 万粉丝，庞大的粉丝群体有助于中国主流声音通过受众自发地广为传播，CGTN 成为"借口发声"进行国际传播的典范。但国内主流媒体进驻海外社交媒体存在发展不均衡，与国际媒体社交媒体运营存在一定的差距，亟须进一步完善传统媒体的社交媒体化战略。就公民个人而言，他们纷纷在社交媒体上展示中国文化。中国有庞大的网民数量，截至 2021 年底，网民规模达到 10.32 亿。庞大的社交网络参与群体，为中国国际传播创造了条件。"李子柒"在优兔平台的传播是很好的例子，她向全球展示了中国的优秀传统文化，使中国优秀传统文化在不同文化语境下落地，被国内主流媒体称之为讲好中国文化故事、对外传播中国形象的典范。李子柒虽然无法承担文化输出的重任，但个体在社交媒体的作为确实暗合"无心恰恰用，常用恰恰无"的规律。中国推进国际传播的过程中，要引导公民个人有意识地在国外社交媒体平台展示中国文化，塑造更多传播中国文化的国际"网红"。

（三）建设中国文化软传播平台

文化的国际传播除了依靠以媒体系统为核心的传播渠道外，搭建文化软渗透平台也是实现文化国际传播的重要方式。历史上，美英日等国凭借有效的文化软渗透平台建设，增强了其国际传播能力，提升其文化软实力。中国的文化价值的国际传播，应结合国外实践经验和中国实际情况，搭建符合世界需要的文化软传播平台，以提升文化的国际传播能力。中国的文化软渗透应着力于打造对外文化教育的旗舰平台、搭建文化外交平台和国际文化教育援助平台，以潜移默化的软方式影响国际社会对中国文化的认同。

1. 打造文化外交的旗舰平台

对外文化传播是改善中西方文化差异、意识形态鸿沟的有效手段，能显著改善国际社会对华的误读和误解。实现文化国际传播发展，需要打造具有较强国际影响力的对外文化传播旗舰平台。当下，中国应着力于语言、文化教育和海外中国文化中心等对外文化传播平台建设，增强它们的国际影响力和吸引力，使其成为具有中国特色的对外教育旗舰平台。

第一，建设对外汉语传播旗舰平台。美英日等国文化国际传播的经验表明，有效的对外语言传播平台对于推进语言国际传播，提升文化软实力具有重要的作用。对于对外语言教育而言，旗舰型产品是语言具有吸引力、感召力的具体体现，如美国的托福考试、英国的雅思考试和日本的日语等级考试等，均是各国文化软实力的象征。中国在推进文化国际传播方面，应该参考发达国家的经验，并结合中国实际推进对外汉语旗舰平台建设和旗舰产品供给。当前以国家汉办（孔子学院总部）为中心的对外汉语传播渠道越来越受到西方国家质疑，同时更多国家表现出对汉语学习的热情。在此背景下，中国积极推进对外汉语传播相关机构的改革，以适应不断变化的国际社会对汉语的需求。为此，中国于2020年6月，整合国家汉办（孔子学院总部）的对外汉语教育资源，成立了隶属于教育部的中外语言交流合作中心（CLEC），国家汉办正式退出对外汉语传播的舞台。中外语言交流合作中心是发展国际中文教育事业的专业公益教育机构，为中外语言交流合作、世界多元文化互学互鉴搭建友好协作的平台。中外语言交流中心致力于推进汉语国际传播，搭建中文联盟、组织"汉语桥"系列比赛、提供中文教育奖学金、支持中文教师培训和开展中文教学等，其中最有成效的是推进汉语水平考试（HSK）。截至2022年2月底，汉语水平考试已在全球155个国家和地区设立1 208个考点，累计服务全球各类中文学习者3 000多万人次。当前，中外语言交流合作中心已经成为中国对外汉语传播的旗舰平台，汉语水平考试也成为对外汉语教育的旗舰产品。中国应以推进对外汉语考试为契机，加强中外语言交流合作中心建设，持续推进汉语国际化发展。

第二，市场化运作促进孔子学院发展。孔子学院令人印象深刻的扩张速度和全球覆盖范围，以及在促进中国文化国际传播和促进相互理解方面发挥着重要作用，使其成为中国对外文化教育的旗舰品牌。截至 2019 年底，中国共在全球 162 个国家和地区建立 550 所孔子学院和 1 172 个孔子课堂。孔子学院的扩张引起了西方质疑，一方面，它们质疑孔子学院的运营模式，认为中国政府既是孔子学院的赞助者也是审查者的角色；另一方面，它们质疑孔子学院的作用，认为是孔子学院是中国政府主导的"外交使团"。但有英国学者指出了孔子学院与以欧洲为中心的教育机构之间的异同，认为孔子学院是中国"反霸权立场"的一部分，旨在通过向海外教育"进攻性"扩张来与西方进行"防御性"斗争。

事实上，中国孔子学院是追随英国文化协会、法兰西联盟、歌德学院和塞万提斯学院的步伐，向世界推广中国的语言文化，促进世界文化交流，提高自身的文化软实力。正如有学者指出，孔子学院总的来说是一个形象管理项目，在弘扬中国传统文化的同时，反击中国威胁的舆论。然而，面对百年变局与世纪疫情，孔子学院发展更加受到质疑，有些国家甚至取消孔子学院，国际关系中"软实力"冲突达到临界点。为了消除国际社会对孔子学院的质疑，中国加强了孔子学院的改革步伐，2020 年 6 月，国家汉办（原孔子学院总部）进行更名，不再负责孔子学院事务，孔子学院开始脱离官方直接管理。同年，中国国际中文教育基金会注册，获得孔子学院的独占使用权，孔子学院正式开启了以品牌化授权运作模式。孔子学院的市场化、品牌化改革对其发展具有重大的影响，有效回应了西方对其运作模式和作用的质疑。中国加强文化的国际传播，保障优秀文化"走出去"，孔子学院应进一步强化市场化路线，以市场推动中国对外教育品牌的真正崛起。

第三，保障海外中国文化中心发展。在当前面临孤立主义和保护主义等多方面挑战的世界中，不同国家对彼此文化的相互了解的需求和愿望更加强烈。在促进中国文化国际传播，增进人与人之间的相互了解和友谊中，海外中国文化中心发挥了与孔子学院类似的作用，但却受到忽视，极少被人关注。海外中国文化中心是区别于孔子学院的重要的对外文化传播平台，一方面，海外中国文化中心侧重于与当地民间团体和组织合作，方便了解当地市场，获得当地资源；另一方面，海外中国文化中心所使用的主要文化资源是非官方非正式的国内资源。海外文化中心试图通过与主办国政府和非政府组织合作，以一种更容易被主办国接受的方式塑造外国公众对中国的长期态度和偏好。虽然海外中国文化中心隶属于中国文化和旅游部，但政府在其组织活动中的作用并不明显，只是起了促进作用。自1988 年毛里求斯成立首家海外中国文化中心后，海外中国文化中心取得了一定程度的发展。海外中国文化中心在开展文化建设，对世界了解中国产生了深远影响和发挥了重要作用，其加强了中国国际传播能力建设而备受重视。然而海外中国文化中心发展滞后，一方面，没有完成 2020 年在国外建成 50 多个文化中心的战略目标；另一方面，与美、英、日等国海外文化中心建设数量和支持力度相差过于悬殊。如美国建有 800 余所文化推广场所，英国在 110 个国家建有 244 个海外文化中心，日本海外文化中心建设颇有建树。

中国在国际传播能力建设过程中，应加大对海外中国文化中心的支持力度，帮助其完成全球布局，全面促进中国文化的国际传播和文化软实力的提升。

2. 促进文化教育援助平台建设

国外经验表明，对文化教育的国际援助能有效促进文化的国际传播，对加强国际传播能力建设，提升文化软实力具有重要意义。中国是较早进行国际文化教育援助的国家，然而对外文化教育援助平台过于分散严重制约了对外文化教育援助的效力。中国亟须加强对外文化教育援助平台建设，增强文化教育的国际援助与传播。

第一，组建中国文化教育援助平台。中国重视国际文化教育援助，自 20 世纪 50 年代起，中国就开始向第三世界国家提供文化教育援助。长期以来，中国文化教育援助投入巨大，也取得了良好的效果。一方面，促进了受援国文化教育事业发展，帮助受援国培养了大批人才，为受援国经济社会发展提供了智力支持；另一方面，国际文化教育援助对传播中国文化和提升国家形象方面起到了巨大的促进作用。然而，中国文化教育援助类型多样，既包括援建学校、提供教学设备和资料，也包括派遣教师、培训教师力量、为来华留学生提供奖学金等，这些职能广泛分布在外交部、商务部、教育部、文化和旅游部等中央部门，力量过于分散，文化教育援助缺乏专业援助和协调机构。同时，中国对文化教育援助也存在对受援国需求的临时答复，不总是符合接受者需求的非结构化援助。2018 年国家机构改革中，整合了商务部、外交部等对外援助和协调职能，组建了直属于国务院的国家国际发展合作署。然而国家国际发展合作署在文化教育援助领域的作用十分有限，一方面，它的职能是侧重于对外援助方案编制，而具体的文化教育援助执行仍由相关部门按分工承担；另一方面，作为副部级架构的国家国际发展合作署在人员、资金等方面不足，协调各部委和国有企业等方面可能会面临着巨大困难，难以发挥应有的作用。因而，推进文化教育国际援助，中国应进一步整合各部委（部门）资源，组建具有更高权限的统一指导和实施文化教育援助的机构平台，更好服务于文化教育援助。

第二，办好南南合作与发展学院。中国援助的本质是南南合作，是全面促进发展中国家发展的重要举措。传统上，中国对发展中国家援助主要集中在资金、设备、技术等硬投入方面，而教育培训等软投入严重不足。虽然自 1953 年起中国开始实施人力资源开发合作项目，但传统的人力资源开发模式越来越难以满足发展中国家对高质量发展的需要。为适应发展中国家可持续发展需要，中国成立南南合作与发展学院，迈出了推动南南合作和共同繁荣的重要一步。南南合作与发展学院的成立旨在总结分享中国经济发展的成功经验，致力于打造卓越的国家发展研究、发展中国家人才培养和全球合作的动态交流平台，通过这个平台跟其他发展中国家的学者、政府官员共同交流推动发展中国家现代化的经验。自 2016 年 4 月南南合作与发展学院成立以来，已招收近 60 个国家的 200 多名硕博研究生，向他们介绍了中国发展理论，分享了经济发展经验，搭建了研究交流平台，为许多发展中国家培养高端人才贡献力量。南南合作与发展学院应该成为最具吸引力的国家发展研究院、最具发展潜力的发展中国家顶尖人才培养基地和最具活力的交流平台。

（四）深入发掘中国传统文化中所蕴含的现代价值

作为一个有着几千年传统文化的国家，传统文化对于中外文化交流和中国文化建设有着举足轻重的影响。对外文化交流要客观、理性地分析、选择传统文化的内容，对丰厚的传统文化进行科学梳理，进行创造性转换和创新性发展，缺乏高品质、符合现代人精神需求的文化内容，对外文化交流就失去了生命力和持久力，所以，创造融通中外的新文化概念，挖掘时代发展需要的文化价值内涵，创造具备时代意识和世界意识的现代文化，是当前对外文化交流的关键任务。具体来说，就是加强我国多民族文化宝藏的整理、挖掘和保护，加强各种文物遗产的保护力度，加强非物质文化遗产的梳理与传承，切实提高意识、加大投入、完善措施和明确责任让文物遗产发挥复兴和丰富中华文化内涵的重要作用。

整理浩瀚的中华文化典籍，做好编校、汇总、收集、出版工作，深入挖掘各种民族传统文化符号（如民族节日、风俗习惯等）的内涵，挖掘中国人民的刻苦耐劳、勤俭节约、尊老爱幼、主张和谐等思想。但是有些传统文化因素，如等级观念、尊卑观念、迷信观念以及一些因过分精致讲究而不讲效率效益的某些物质文化等都是应在对外文化交流中避免的。"要准确、精当、适度地运用传统文化资源，在实施跨文化交流和文化外交过程中，树立国家威望"。把浩瀚、珍贵的中国文化资源挖掘、转化为世界人民都能受益的文化产品，传播中华文化的价值精髓，不断增进中华文化在世界范围内的认同，有效推动中国文化走向世界。

（五）制定并执行具有针对性的文化输出战略

加强对外文化传播，让中国文化走进世界，让世界各国人民了解当代中国的发展和中国的时代风貌，是我们对外文化开放的目标，在当今世界多极化、文化多样化背景下，中国文化要走向世界就必须考虑国家的不同、地区的差异以及民族的迥异，他们的文化本质不同、文化特征有别，成功的文化输出战略是建立在对这一现状透彻的分析和了解基础之上的。这就决定了我们对外文化输出要实行有区别的、差异化的、有针对性文化传播战略。

对外文化传播在坚持中国文化风格的同时，也要充分把握传播对象国受众的思维特点，根据文化人类学理论，任何民族的文化，都保持着浓郁的民族特色，体现着该民族特定的生产生活方式和价值观念，塑造了迥异于其他民族人民的文化认识形式，因此，对外文化传播要达到预期的传播效果，就必须针对传播对象的差异化的文化心理特征，采取因对象而宜的方法，也就是在说，文化传播，特别是对外文化传播，"对症下药"才是最有效果的传播方式，毛泽东曾指出："做宣传就要看对象，就要想一想自己的文章、演说，是给什么人看，给什么人听的……对于自己的宣传对象没有调查，没有分析，乱讲一顿，是万万不行的。"① 威廉·哈特在《跨文化交流简史范式方法》一文中进一步指出："很久以前，基督教和佛教领袖，哲学家亚里士多德和苏格拉底、剧作家索福克勒斯和莎士比亚就提到了说对方的语言，根据听众的背景而改变传播技巧的重要性。"

所以，对外文化传播要讲究针对性，要针对不同民族文化，针对受众对象的疑惑，用外国受众听得懂、易于接受的方式，把我们的文化内容表达出去，且融入真实的感情、坦诚阐明我们的思想，促使中国文化以多样化的话语思维和表达习惯与各区域、各年代、各类型外国受众无缝连接、全面贴近，使之更好地理解和充分接受中国文化。

（六）搭建符合国际受众心理需求的传播方式

传播内容"无国界"是对外文化传播、全球化文化传播的特点之一，因而当今的传播打破了国内和国际受众的界限，也即形成"内宣的外宣化"，中国的新闻话语体系要说服和吸引的不只是国内受众，还有全球受众，或者说是国外受众。但是，当前在对外文化传播中，我国文化传播的话语风格，已不适应当前的国际文化传播形势。中国媒体所使用的新闻语言，话语表述形式、风格和词汇等，越来越严重地与中国的现实脱节，与中国的战略发展方向脱节。

因而，中国对外传播的理念必须在一定程度上配合中国发展的总体战略而做适当的调整和转变。在不改变政治思想和意识形态本质的基础上，借鉴西方政治传播的理论策略和技巧，在对外传播中既坚持中国特色，又符合国际潮流与标准，将中国的价值观潜移默化地传播出去，从而实现我国的软力量传播战略。所谓"中国立场，国际表达""中国故事，国际叙述"的传播模式，这道出了对外传播的真谛。不仅如此，长期以来，我国文化对外传播如同对内传播，偏重于"坚持正面报道为主"的原则，少有"揭短"的负面报道，国外民众所感到的是中国无时无刻不是形势一片大好。这种传播方法使对外传播媒体丧失了一定的公信力，不利于对外传播中国。因而，我国的对外传播要适当增加对外宣传中的负面报道，尽量以真实、客观、丰富多样的面貌示人，给世界提供一个"真实的中国""全面的中国"。另外，推动中华文化走向世界，除了宏大的叙事之外，更要善于用"生活化""故事化"的方式来宣传中国事件、介绍中国情景、表达中国关注，采用符合

---

① 《毛泽东选集》（第3卷），人民出版社，1991年版，第836页。

国外传播受众心理需求的传播方式来传播中国文化。

（七）重视中国优秀文化对外传播的层次性

对外传播中国文化，厘清文化的层次非常重要。文化既有外在的表现形式，也有内部的层次与结构。国内外许多学者认为，文化可以分为"表层文化""制度性文化"和"深层文化"。还有学者将文化分解为三个层次：高级文化（哲学、艺术、宗教、科学等）、大众文化（风俗习惯、生活方式、人际关系等）、深层文化（价值观、个人角色、社会组织、行为准则等）。根据对外文化传播的特点，文化可以分为表层文化和深层文化两个层面，这样具有较强的操作性。依据上述分层理论，我们在对外传播中国文化过程中，可以按照这样的层次，逐层、逐渐地传播中国文化，第一层是思维、信念、理解、见解、观点等，其中核心内容是价值观念和思维方式；第二层是文化实物、文化习俗和文化符号等，其中包含像哲学家的著作、文学家的文学作品、日常的文化习俗符号等，既便于对外文化传播，有益于国外受众接受、理解中国文化，还增强传播实效。

结　语

　　百年变局背景下，中国在国际社会中面临的"舆论困境"更加突出，国家形象面临"他塑"问题更加严重。西方国家对国际传播的垄断和中国国际传播的局限性越发明显。没有强大的对外传播能力，就没有强大的话语权，文化软实力就无法得到提升。党的十九大报告指出，要推进国际传播能力建设，增强国家文化软实力。习近平总书记强调，要下大气力加强国际传播能力建设。文化对外传播能力建设逐渐得到重视，其目的在于提升在国际社会中的文化软实力。当前中国的对外传播能力建设取得了一定的成效，但依然与综合国力不相匹配，难以完成提升文化软实力的重任。打破国际传播垄断格局，加强对外传播能力建设，是中国当前面临的重要任务。中国推进对外传播能力建设结合中国实践，有针对性地加强国际传播各因素建设，促进国际传播能力提升。中国很早就开始对外传播实践。延安时期是中国共产党国际传播得好的时期，中国共产党通过文化内容建设、借助国际传播渠道和他者叙事，增强了国际传播能力，有效传播了延安形象，提升了延安的国际影响力。新中国成立至改革开放前，打破西方封锁是对外传播的重要任务。中国初步建构了完善的对外传播体系，但由于特殊的十年，中国国际传播受到巨大损失。改革开放后，中国由封闭走向开放，向世界说明中国越发重要。中国积极推进文化交流、完善对外传播体系、面向全球讲好中国发展的故事，以传播中国声音，提升中国文化软实力。党的十八大以来，中国融入世界逐渐加深，世界期望了解一个真实、立体和全面的中国。中国通过发挥领导者的示范作用、国际公共产品供给、借助互联网等新兴渠道传递文化理念，让中国的声音在世界上被听到而且听得清，引领世界发展。中国对外传播的实践成为中国当前对外传播能力建设的重要历史参考。

　　作为一种理论视角和研究方法，跨文化传播的研究视角已经在全球化的现实语境下渗透到人文社会科学的多个学科领域，日益受到重视。然而，由于概念的宽泛松散和跨文化传播研究起步较晚，透过跨文化传播的视角来研究文化传播与交流问题的学术成果还不多见。为此，本文运用跨文化传播的视角简述了中华文化走向世界的整体情况，并力图跳出以往研究视野的限制，尝试对中华文化对外传播的研究开辟一个新的视角。

　　中华文化对外传播是一个综合性的传播工程，其中传播内容的选择、传播载体的培育、传播方式的革新都是重要的步骤，但最核心的还是中华文化的内容创新，也就是要挖掘中华传统文化的现代价值，实现传统文化的现代化转换，建设具有中国气派、中国特色的现代新文化，凝练"当代中国核心价值观"，增强中华文化在世界上的认同度和竞争力。具体来说，就是明确文化对外传播的战略目标、战略主体和战略载体，针对不同的受众对象，选择文化对外传播的不同的传播内容和制定不同的传播策略，充分发挥社会主义制度的优越性，发挥政府的"领航员"作用，做好宏观规划、顶层设计，充分调动政府、非政府组织、文化企业和民间个人，国内和海外等各方面力量和资源，把对外传播战略与其他层面的国家战略等结合起来，形成推动中华文化对外传播的合力。重视和开发多种传播渠道，发挥新兴多媒体的作用、开发多元教育渠道、拓展各种交流平台、重视第三方渠道、壮大文化贸易渠道等作用，提升和拓展中华文化对外传播的运载能力和传播空间。

　　基于上述考虑，本文从跨文化传播的视角来思考研究中华文化对外传播的理论前提、中华文化对外传播的战略目标、中华文化对外传播的传播主体、中华文化对外传播的传播载体、中华文化对外传播的传播对象以及战略措施等问题。本文还思考了中华文化对外传播的逻辑起点在我国自身文化的强大，应先从内部文化自强入手，致力于中华文化的自身建设，进而培育传播渠道，探索文化走向世界的"落地"实践方略。从而形成了"文化自信是依托、综合国力是基础、政府支持是保障"的文化走出去战略指导思想和理清了"谁去传播、怎么传播、向谁传播、传播什么、传播的目标是什么"的战略指导思路。世界是丰富多彩的、文化是多样多元的，在今天文化全球化背景下，世界各国、各民族文化存在差异的条件下，实施中华文化走向世界的工程，只有坚持和平共处五项原则，坚持"和而不同，求同存异"的文化胸怀，着眼于促进人类进步与文明，才能超越社会制度和文化价值观的差异，塑造中国现代文明新形象，为世界文化的繁荣和人类文明贡献中华文化的智慧。

　　时至今日，国际社会对我国还存在种种不利的舆论和印象，我国作为拥有 5 000 年文明史的文化大国，拥有辉煌的文明史。在今天，我国当代文化建设也取得了巨大的成就，但是，中华文化在当前还面临着"对外传播"的诉求，对外文化贸易中还存在大量的"文化赤字"和"文化逆差"，中国当代文化，在国外还受到一些曲解和误读。英国作家马丁·雅克说："中国不是民族国家，而是文明国家。"但是我们的文明、文化至少在今天，在世界上的呈现还远远不够。"没有任何事物自身是完整的，它只有通过它所缺失的东西的补充才会完整。"正是基于上述考虑，所以在明知自己学术水平有限、论题有很大挑战的情况下，还是希望能做出点有益的思考和研究，以期尽绵薄之力。